U0275092

心流

OKR工作法

李沛遥 ◎ 著

清华大学出版社
北京

内容简介

本书讲解了作者结合积极心理学、OKR、教练技术等相关理念提炼的一套方法，该方法从个人和组织的角度阐述了如何设计有"心流"的工作，从而激发内驱力，提升认知和组织协同能力。该方法经"数字化"后被称为"芯流飞轮"。

本书是为创业团队的科学发展而写，内容涉及思维模式和高效协同，适合所有想提升绩效的个人和组织参考使用。

图书在版编目（CIP）数据

心流：OKR 工作法 / 李沛遥著．—北京：清华大学出版社，2024.1
ISBN 978-7-302-64998-4

Ⅰ．①心…　Ⅱ．①李…　Ⅲ．①企业管理　Ⅳ．① F272

中国国家版本馆 CIP 数据核字（2023）第 235462 号

责任编辑： 张尚国
封面设计： 秦　丽
版式设计： 文森时代
责任校对： 马军令
责任印制： 沈　露

出版发行： 清华大学出版社
　　　　　网　　　址：https://www.tup.com.cn，https://www.wqxuetang.com
　　　　　地　　　址：北京清华大学学研大厦 A 座　　邮　　编：100084
　　　　　社 总 机：010-83470000　　　　　　　　邮　　购：010-62786544
　　　　　投稿与读者服务：010-62776969，c-service@tup.tsinghua.edu.cn
　　　　　质量反馈：010-62772015，zhiliang@tup.tsinghua.edu.cn
印 装 者： 三河市东方印刷有限公司
经　　销： 全国新华书店
开　　本： 147mm×210mm　　**印　　张：** 6.875　　**字　　数：** 132 千字
版　　次： 2024 年 1 月第 1 版　　**印　　次：** 2024 年 1 月第 1 次印刷
定　　价： 52.00 元

产品编号：099948-01

序 1　如何在工作中找到"心流"

　　在职场这个舞台上，每个人都在追逐自己的目标，不断奋斗，但是否真正感受到了内心的幸福呢？我一直推崇"心流"（flow）理念，这是一种源自中国传统文化的心灵体验。今天，我格外欣喜，因为我的学生——本书的作者李沛遥，运用多年在企业中推行积极心理学的实践经验，为读者呈现了一部探讨"心流"、OKR与工作之间深刻关系的精彩之作——《心流：OKR工作法》。

　　OKR，即"目标与关键结果"，在现代职场中被视为一把利器，可以引导人们迈向成功。然而，李沛遥在本书中以别样的视角审视OKR，并不简单地将其视为机械的执行工具，而是将其融入积极心理学，引导读者从内心去理解和追求目标，这使得OKR不再是冰冷的管理工具，而是一种富有情感和内涵的工作智慧。

　　回溯中国历史，"庖丁解牛"的故事带给我们的启示颇为深远。庖丁之所以能够运刀如神，不仅在于刀的锋利，更在于其心境。他能够理解"牛"的本质，每次"解牛"时都能进入一种专注的"心流"状态。这种"心流"正是我们在工作中所追求的那种投入、专注、沉浸的美好心境。

在追寻幸福的生命旅程中，工作占据着我们大部分的时光。因此，如何在工作中找到"心流"是我们共同关切的问题。李沛遥深入挖掘积极心理学原理和目标管理，将"心流"巧妙地注入 OKR 的管理实践。

本书不仅是一本工作管理指南，更是一本关于个体心灵探索之作。

清华大学社会科学学院院长

中国积极心理学发起人

序 2 　自我驱动的创新飞轮

　　在当前的商业环境中，创新是企业获得、保持和增强竞争优势的关键。这首先需要激活组织，把目标分解到具体的部门和员工，同时做到有效分工和协同。然后，需要以一种综合的方法将个体的自我管理、团队的协同管理以及战略落地有机结合在一起。OKR 就是这样一种新的激活组织、增进协同、鼓励创新的方法，近年来受到的业界高度关注，不少企业正在实施 OKR。

　　李沛遥专注研究 OKR 多年，特别是把心理学的心流概念引入 OKR 实践，帮助多家创业企业成功实施 OKR 系统。新冠肺炎疫情期间，他向我阐述了自己基于操作 OKR 落地案例的深入思考和感悟，对 OKR 理论及其落地方法的独到见解以及提炼出的 OKR 落地步骤和方法。对此，我深为赞赏，并鼓励他将心得和提炼的方法付诸文字，让更多的人了解、应用 OKR。

　　他花了 1 年时间，写出了这本《心流：OKR 工作法》。

"芯流飞轮"是本书的一个重要概念和系统框架，它是一种动态、自我驱动的管理系统，旨在将个体的内在动力与组织的战略目标有机结合起来，鼓励员工以内在的价值标准衡量自己和组织的成果，养成一种追求卓越、不断进步的态度，更好地发挥自己的创造力，进而提升团队的协作能力，推动组织不断创新和实现目标。

本书兼具理论价值和实践意义，可以为追求卓越的个人和引入 OKR 的组织提供有力的帮助，无论你是初入职场的新人，还是经验丰富的管理者，都可以从本书中获得启示和指导。

朱武祥

清华大学经济管理学院金融系教授

清华经管商业模式创新研究中心主任

序 3

很高兴看到《心流：OKR 工作法》一书在清华大学出版社出版。作者李沛遥是清华大学社会科学学院认证积极心理学研究中心指导老师，在这本书中提出了一套多维度的工作方法论，其中融合了积极心理学、OKR（目标与关键成果法）、教练技术等理念。这套称为"芯流飞轮"的方法论关注于如何设计能激发内驱力和提升认知与组织协同能力的工作环境。

"芯流飞轮"一共有三层：首先是个体—认知飞轮，关注个人的内在操作系统，涵盖"相信、联结、觉察和专注"等方面，以及通过 OKR 实现目标的"撰写、共识、追踪、复盘"步骤。其次是组织—协同飞轮，聚焦于提高个体与组织之间的协同效率，强调有统一目标与信念，但保持思想自由，倡导创意自由和目标一致性。最后是教练—自驱飞轮，是一种集成了教练技术和积极心理学理论的管理标准，旨在帮助管理者成为更有效的教练，激发团队的内在动机和自驱力。

这本书里渗透了很多积极心理学的理论和方法，尤其是

"教练—自驱飞轮"。它应用了以下几个重要理论或概念。首先，它应用了积极心理学中 PERMA 理论的五要素：积极情绪（positive emotions）、投入（engagement）、人际关系（relationships）、意义（meaning）和成就（accomplishment）。这些要素可以直接应用于团队管理和教练技术，帮助团队成员形成更积极的心态、建立更紧密的人际关系、寻找工作的深层意义以及实现个人和团队的成就。

其次，教练—自驱飞轮应用了心流理论，也就是在完全投入某项活动时所体验的高度集中和充实感。作为教练，可以通过创建有挑战性但与个人技能相匹配的任务，帮助团队成员进入心流状态。这种状态不仅可提高工作效率和创造力，还能促进团队成员的个人成长。

再次，它应用了内在动机理论。内在动机理论强调内心的驱动力比外在奖励更能长期维持个人的积极性和效率。在教练的角色中，通过识别并支持每个团队成员的个人价值观、兴趣和职业目标，可以有效地激发他们的内在动机。这种动力是持续自我提升和团队协作的关键。

这样一来，仅仅是"教练—自驱飞轮"就融合了积极心理学的几个核心概念，提供了一种全面的方法，可以帮助管理者以更加积极、有效的方式激励团队，实现个人和团队的最佳表现。

如果顺着这个思路往下深挖，我们甚至可以看到"教练—自驱飞轮"模型和积极心理学的更多结合点：

（1）它可以强化团队成员的积极情绪与参与感：作为教练，可以通过组织团队活动或培训，如举办团队建设活动或工作坊，促进成员之间的沟通和理解，从而增强团队的凝聚力和成员的参与感。

（2）它可以实现目标与个人价值观的对齐：教练需要帮助团队成员理解他们的工作如何与个人的价值观和目标相一致。通过一对一面谈，教练可以帮助团队成员探索和明确自己的职业目标和个人价值观，然后将这些目标和价值观与团队和组织的目标相结合。

（3）它可以培养成员的成长型思维：成长型思维是一种认为能力可以通过努力来改善的心态。教练可以通过反馈和指导，帮助团队成员看到挑战和失败是成长和学习的机会，鼓励他们把注意力放在自身能力的提升上，而不是单纯为了完成任务。

（4）它可以提升自我觉察与反思能力：教练可以通过教授冥想、日记写作等方法，帮助团队成员提升自我觉察和反思能力。这种自我意识的提高可以帮助团队成员更好地了解自己的内在动机，从而更有效地激发他们的自驱力。

（5）它可以实施有效的目标设置和反馈机制：结合 OKR 方法，教练应该帮助团队设定清晰、可衡量、相关性强且受到挑战的目标。同时，提供及时、具体的反馈，帮助团队成员调整策略，确保目标的实现。

通过这些方法，教练不仅能帮助团队成员在工作中实现更高的绩效，还能促进他们的个人成长和职业发展。

总之，《心流：OKR 工作法》是一部融合积极心理学和现代管理技术的创新之作。它不仅提供了一套实用的工作方法论，还深入地探讨了如何通过积极的心态和心流体验激励个人和团队。这本书对于希望在快速变化的工作环境中找到平衡、提升团队效率的管理者和专业人士来说，是一份宝贵的资源。它不仅是一本关于工作效率的指导手册，更是一本作者关于如何通过积极心理学原则来提升工作和生活质量的深思熟虑之后的诚意之作。我特别推荐那些期望在工作和生活中实现更高效能和更大满足感的读者阅读此书。

清华大学社会科学学院积极心理学研究中心副主任

前言

当今企业面临来自外部的三个变化。

第一，在 21 世纪的第二个十年，我国经济增速明显放缓，人力成本不断上升。

第二，VUCA[①] 时代的根本特征是不确定性，其带来了一系列重要影响：未来越来越难以预测，过去的成功经验不一定还有效；企业经营从打赢一两场关键战役的有限游戏模式发展为需要不断自我革新的无限游戏模式；创新逐渐成为核心驱动力；如今，企业提供产品和服务的本质是提供满足用户新需求的新知识。

第三，"Z 世代"[②] 崛起，他们是数字时代的原住民，追求意义、价值与自我实现。进入职场后，更加开放、自我，喜欢新鲜感的他们不喜欢被约束，要求管理从强调管控走向自驱与协作，看重体验与意义。传统的管控、指标等管理方

[①] VUCA 是指组织处于不稳定（volatile）、不确定（uncertain）、复杂（complex）和模糊（ambiguous）的状态。

[②] 网络流行语，指新时代人群，即 1995—2009 年出生的一代人。

式难以激发这些年轻人的活力，他们在工作中更看重价值认同，期望个体与组织之间有更加平等的共生关系，而不再是一种"指令—服从"关系。

由此看来，企业以往的管理方式需要升级了。

进入 2023 年，Chat GPT 来势凶猛，在语言处理、数据处理、文本生成、图像处理等方面都在快速突破，许多"打工人"在感叹工作不保，而我认为这完全没有必要。

当计算机出现的时候，一些工人因为转变了固有的思维方式，顺利地从工厂走进了办公室。如今 Chat GPT 的出现也预示着，个人以往的思维方式要再次升级了。

2019 年 8 月，我做了一次关于 OKR（objectives and key results，目标与关键成果法）的调研，调研结果令人十分意外，几乎所有人都认为自己所在企业在推行 OKR 方面是不成功的，调研对象既包括从哈佛毕业回国创业的学霸，也包括国内某头部公司的管理者、国内某基金会的高管等。这个结果与市场上发展得如火如荼、形成热潮的 OKR 形成了强烈的反差，激起了我探究其背后原因的好奇心。

一、OKR 在企业落地的"第一性原理"

三年前的一个秋天，早上八点，我与一家企业的 CEO 坐在开阔的办公室里，落地窗外是景色优美的张江海豚湾绿地（该企业 OKR 项目的落地到了"深水区"，我认为重要问题必须现在澄清。为了这次重要对话，我事先做足了准备）。

"我就直接进入主题啦！"我开门见山地说。

"请直说。"他做了一个"请"的手势，很爽快地说。

"我最近一直在思考 OKR 在企业成功落地的'第一性原理'究竟是什么。"我抛出问题。

"请讲。"他说完看着我，等待我的回答。

"是企业创始人坚持写自己的 OKR 并向全员公开，拉里•佩奇和张一鸣等都是如此。你能做到吗？"

"本季度我已经在这样做了。"他若有所思地说道。

"你能坚持三年吗？"我问道。

"当然可以，李老师，我很认同 OKR 的理念……"

听了他的想法，我知道这个企业已经具备了让 OKR 有效落地的两个必需条件，即创始人坚持写 OKR 并向全员公开、使用好的 OKR 工具，现在就差最后一个了，那就是用科学的方法促进员工的自我发展。

想到这里，我郑重地说道："只要你能坚持一年，我就有信心把 OKR 变成你们公司的'基因'。"

如今，这个 CEO 坚持写 OKR 已经三年了，向他汇报的高管也都慢慢地养成了写 OKR 的习惯，这个企业不但挺过了新冠病毒和政策利空的难关，还逐渐找到了"第二曲线"。但是，其他大多数基层员工对这项重要的工作毫无兴趣，因为思考是很辛苦的、做出价值判断是很困难的。

经典的 OKR 管理理论强调"要激发员工内生动力，OKR 就必须与绩效考核脱钩"。但是，由于各种原因，OKR

在国内的推广走入了一个悖论的循环：如果与绩效挂钩，就把 OKR 做成了 KPI（key performance indicator，关键绩效指标）；不与绩效挂钩，慢慢地就没人再关心 OKR 了，毕竟不考核，谁还会关心呢。

陷入这一悖论循环的根本原因是忽略了"期望值最大化"（expectation maximization）这一原理。期望值最大化是机器学习算法的理论基础，在管理学中也得到了非常广泛的应用。给出一个收益函数，则在每一时刻，都能算出收益最大化的方向，不论从何处开始，最后一定能够达到收益最大的终点（见图 0-1）。

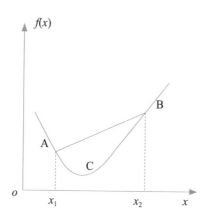

图 0-1　收益函数

举个例子，曾有网友戏谑地说，为了提高国家的足球水平，可以尝试将足球成绩纳入高考评分体系。假设教育部门规定：高考成绩将由文化课成绩和足球成绩各占一半。这样一来，在全社会范围内，足球变得同等重要，孩子们都会投入大量时间提高自己的足球技能。家长更愿意让孩子参加足球训练而非其他课外活动。

在这种情况下，足球成绩就成了收益函数，而整个社会就像一个期望值最大化的系统。通过调整优先级和资源分配，人们开始努力提高足球成绩，从而实现整体收益的最大化。这个例子展示了期望值最大化原理如何在实际生活中发挥作用以实现目标。

在一个组织内也是如此，只要创始人定下一个收益函数，员工就会自觉地朝着收益最大化的方向努力。所以，与其教育员工，不如设置一个好的收益函数。

在创业公司里，创始人坚持写 OKR 并向全员公开，就是在不断明确组织内最大的收益函数。

二、不懂积极心理学的"一号位"是很难用好 OKR 的

在过去的几年里，我一直做 OKR 教练，"陪跑"了许多企业，虽然它们所处的行业不同、阶段不同，但都长期被以下三个问题困扰着。

（1）"目标不聚焦，协同不给力"。产生这个问题的原因是随着企业的发展，员工人数会逐渐变多，而由于存在信息差，难免有员工对企业目标的理解有所偏差。例如，"一号位"往往采取外部客户视角，而运营团队往往采取内部视角，长期的信息差会导致双方沟通不畅，形成误解，如"一号位"

觉得运营团队成员能力不足，而运营团队成员则觉得"一号位"太善变。同时，信息差的存在会使部门目标偏离大目标，各部门各自为政，企业的"熵值"很高。

（2）"沟通不畅，无统一语言"。问题的产生源于企业发展需要吸纳不同的人才，加上每个人的成长环境和工作习惯等不同，于是出现了观点不同的情况，如果不规定统一的语言，则沟通成本将非常高。

（3）"员工能力不足、不自驱"。在原有的 KPI 机制下，员工普遍存在固定型思维，内在动机被抑制，逐渐丧失了活力，成为"工具人"，一旦外部发生变化，他们将很难适应，最终会阻碍企业的变革。

针对以上问题，许多"一号位"误以为只要采用 OKR，一切就会迎刃而解，这是对 OKR 的普遍误解。

下面我们来认识一下 OKR，它由以下两部分组成：

O=目标，即你想要什么（what do you want）。

KR= 关键结果，即你是如何计划的（how do you plan）。

英特尔前首席执行官安迪·格鲁夫发明了 OKR，帮助英特尔击败了竞争对手，取得了辉煌的成就。之后，投资人约翰·杜尔将 OKR 引入谷歌。从此，OKR 作为一种新的目标管理工具，在美国硅谷获得了广泛应用。

OKR 进入我国已有六七年了，但是除了个别"大厂"，很少有企业能用好这一工具，原因主要有两点：一是企业不愿意以牺牲效率为代价换取可能成功也可能失败的创新或者看似无用的员工积极性；二是员工不愿意以增加当下的工作量为代价实现长远目标。

根据数年"陪跑"企业的经验，我发现 OKR 的落地失败几乎都源于项目负责人或者"一号位"在实操上没有掌握积极心理学的"心流"和"内在动机"等理论，而是错误地使用"外在动机"手段，因此产生了相反的效果。

三、OKR 需要与"心流"结合才能发挥作用

1975 年，美国心理学家米哈里·契克森米哈赖发布了历时 15 年的研究成果。自 1960 年起，他追踪并观察了众多成功人士，如科学家、企业家、政治家等，发现他们在全神贯注于喜欢的工作时，常会忘却时间的流逝和环境的变化，这种极乐心理体验被称为"心流"（flow），被认为是最佳体验。

进入 AI 时代，企业最宝贵的资产是知识工作者。若企业能创造出让大量知识工作者长时间产生心流的环境，将创造巨大的社会价值和经济价值。具备心流教练能力的管理者会有更大的上升空间。

吉姆·柯林斯在《从优秀到卓越》一书中提到了"飞轮效应"的概念：一流企业在战略与业务体系中都拥有属于自己的"飞轮"。OKR 遵循 PDCA[①] 闭环迭代，实际上也体现了"飞轮效应"的原理，搭载在如"飞书"这样的数字化工具上，可以大大提升企业的协同效率。

---

① 即计划（plan）、执行（do）、检查（check）和处理（act）。

因此，我将积极心理学与 OKR 相结合，在企业中实践并落地。三年间，我为众多企业提供支持，逐渐提炼出一套方法论：即 OKR- 芯流飞轮（芯流 = 心流 + 数字化）。

四、OKR- 芯流飞轮是战略落地的一种方法，更是一种思维方式

2022 年 12 月，新冠病毒还在肆虐，在上海人民广场旁的一个办公楼里，一支创业团队的八个核心成员共同参加了"OKR- 芯流飞轮"工作坊的培训。这支团队刚成立一年多，业务刚刚起步，能不能快速发展、长成参天大树就看未来的一年了。作为"陪跑"导师，我会在未来的一年陪伴这支年轻的创业团队，为他们保驾护航。

培训一开始，我就用 PPT 展示了一个问题：

关于 OKR 是什么，你会选择下面哪一个答案？

（1）绩效管理工具。

（2）考核工具。

（3）战略落地方法。

（4）一种思维方式。

（5）一种沟通方式。

（6）以上都不是。

我提出这个非常重要的问题是为了测试在场每个人对 OKR 的理解程度。

提出问题后，我扫视着在座的每个人，他们有人小声议论着，有人沉默地思考着。最后，我的目光落在销售高手"法师"的身上，示意他讲讲自己的想法。

"我觉得从使用性质来说，OKR肯定是绩效管理工具。从考核过程的角度来说，它也是考核工具，是不是？当然，这个考核的过程包括打开人的思维，也包括怎么去沟通，要让员工有更开阔的思维，最终肯定还是要落地的。所以，OKR包括前5个选项的内容。"他说完，看了看我和"文正"（创始人），像是在寻求认可。

"OK，还有没有不同的答案？"我鼓励其他成员说出更多的想法。

"文正"斟酌了一下说："我跟大家一起学习，也没有标准答案，我觉得从比例上来说，OKR更侧重于（3）和（4）。"

"对！OK，这个小奖品给你了。"听到他说出了我心中的答案，我喜出望外，说着就把一袋古树茶作为奖品放到了他的面前。然后，我继续讲解："（1）和（2）是目前市场上的主流说法，很多老师都这样讲，甚至一些书上也这样写。

"但是，首先，（2）一定是错的。KPI才是考核工具，OKR不是考核工具！我们在最开始就要明确这一最本质的理念，如果把这个搞混了，那后面肯定会走偏。（1）貌似是对的，但我认为也不对。OKR不是一个绩效管理工具，它不包含绩效评估。对于（5），OKR确实能促进沟通，有了OKR之后，大家的沟通和协同会更好，但并不能说OKR是一种沟通方式，它并不能包含沟通，也不能与沟通画等号。

"我最认可的是（4），OKR 是一种思维方式。这也是我把它和积极心理学结合在一起的原因，目前市场上没有人这样讲，但我觉得这是本质。

"对于（3），即 OKR 如何帮助战略落地，这正是我今天要和大家分享的内容。

"过去两周，我不仅了解了咱们公司的目标以及每个人的目标，还了解了深圳、昆明、上海的业务。明年的战略如何拆解和落地？如何达成关键目标？OKR-芯流飞轮是一个管理抓手。我觉得这是最核心、最关键的事情。"

听我一口气把自己的观点都说了出来，文正笑着说道："那我误打误撞地答对了。"

"非常好！我觉得'一号位'对 OKR 的理解对于一个组织的 OKR 有效落地非常重要。如果'一号位'在理解上出现了偏差，如很多人就理解成了（1）和（2），项目就推进不下去了，不仅会出现很多的问题，到最后还有可能把 OKR 变成 KPI。因此，我觉得需要在一开始就正本清源。"

如何使用本书

一、本书的内容构成

本书内容分为四个部分，具体如下。

第一章，介绍芯流飞轮的由来，包括自我觉醒、组织进化、教练循证，总体介绍了"芯流飞轮"的诞生过程，从个体自我管理的操作系统到团队管理的操作系统。

第二章，介绍个体自我管理的操作系统——认知飞轮。通过大脑工作的原理及元认知的修炼方法为 OKR 匹配"相信、联结、觉察、专注"的心法秘籍。主张所有有意义且持久的变化都是先从内心开始，然后由内向外地发展的人本理念。

第三章，介绍团队协同管理的操作系统——协同飞轮，阐述 OKR 在战略落地过程中的步骤和注意事项，包括"撰写、共识、追踪、复盘"的操作方法，着力打造一支有统一目标、统一信念，但不要有统一思想的团队，即在思想自由、创意自由和目标一致之间找到最优解的卓越团队。

第四章，围绕 OKR"三会一面"的场景，将教练技术、积极心理学中的 PERMA 理论（positive emotion，积极情绪；engagement，投入；relationships，人际关系；meaning，意义；accomplishment，成就）、心流理论，以及内在动机理论融合形成"三大原则、八项要点"的管理标准——自驱飞轮，帮助管理者进阶成为教练，激发团队的自驱力。

附录部分，介绍字节跳动科技有限公司（以下简称字节跳动）的管理模式，供读者参考。

二、给读者的三个建议

在正式讨论"心流：OKR 工作法"之前，我想给您提三个建议，这三个建议有助于大幅度提升您阅读本书的体验。

首先，我建议您不要大略读过本书后便束之高阁，因为在从个体成长到为组织赋能的过程中，本书能时时与您为伴。本书在编排上分成几个循序渐进的章节，便于您随时参阅并将方法付诸实践。即使您已对书中的方法得心应手，也不妨随时翻阅一下，也许会让您有更多的体会与收获。

其次，我相信心态不同，阅读本书的成效也会不同，因此我建议您在阅读本书时除了要吸收内容，还要能复述给家人、朋友或同事，然后试着比较一下不同人的阅读感受，看看有何差别。这种阅读方式不仅可以增强您对本书内容的记忆，加深体会，扩展视野，而且会让您有更强烈的动机去运用本书中的方法。

最后，也是最重要的一点，那就是做到知行合一。要真正为自己设定一个小目标并采取行动，通过 OKR 的闭环记录自己认知升级的过程。

如果您很幸运地身处一个愿意尝试新事物的团队，可以尝试和团队成员一起学习和尝试，订立一个团队目标，按照本书中的方法，齐心协力地推动芯流飞轮的运转。如果您是团队的"一号位"，您的角色就转变成了教练，可带领团队尝试体会"三大原则，八项要点"的积极效用，撒豆成兵。

三、通过本书，您将收获什么

通过本书，您将学会以内在的价值标准而不是旁人的好恶或与别人比较的结果衡量自己。这时候，您的目标感就更强了。您不再让别人影响自己的情绪，更能接受改变，您将发现有一些恒久不变的内在本质可以作为自己的支柱。

如果您是"一号位"，阅读本书将为您的团队引入一套更高效的操作系统，让员工在思考和行动时能在脑海里勾勒出所追求目标的画面，团队的运转和组织的运营才不会跑偏。

如果您是职业经理人，阅读本书后，您将更理解老板的思维方式，从而和他保持同频，得到更多的资源和晋升机会。

如果您刚步入职场，可以先从"个体—认知飞轮"这一章中介绍的方法开始练习，这是企业"一号位"的思维方式，也是"打怪升级"的修炼捷径。

我真心希望您能通过阅读本书打开自己的"改变之门"，

在学习本书内容的过程中不断成长和进步。这个学习的过程是一个进阶的过程：

从内心开始打造自己的操作系统——认知飞轮；

成长后，作为团队的"一号位"，打造先进组织的操作系统——协同飞轮；

成为教练，点燃希望、引导成长——自驱飞轮。

芯流飞轮的简要定义与架构图

芯流飞轮是一套进化方法论，可有效提升个体和组织效能（见图0-2）。简单来说，芯流飞轮 = 心流 +OKR 工作法，由个体的"认知飞轮"、组织的"协同飞轮"、教练的"自驱飞轮"组成。

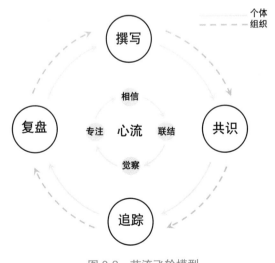

图 0-2　芯流飞轮模型

一、个体—认知飞轮

"认知飞轮"是个体进化的底层操作系统，强调"所有有意义而持久的的变化先从内心开始，然后由内向外地发展"。

"认知飞轮"的转动，首先源于一个有心流的目标，然后通过 OKR 的"撰写、共识、追踪、复盘"步骤来拆解和实现这个目标，我们把这四个步骤统称为"剑法"。

每个人都有一个内在的操作系统且这个系统在心流状态下效率最高。本书将从认知心理学和积极心理学的角度揭示这个内在操作系统的运行规律，即"相信、联结、觉察和专注"，我们把这四个部分统称为"心法"。

外在的"剑法"需要内在的"心法"来驱动，在实践中，"心法"与"剑法"要达到合而为一的状态。每个追求目标的过程都是一次认知升级的闭环，个体的能力和思维也会随之进化和升维。

个体的芯流飞轮模型如图 0-3 所示。

其中：

（1）圆心，即有心流的目标。

（2）第一轮，由心法组成：相信、联结、觉察、专注。

（3）第二轮，由剑法组成：撰写、共识、追踪、复盘。

图 0-3　个体的芯流飞轮

二、组织—协同飞轮

"协同飞轮"是聚焦组织目标（追求集体心流），提高个体与组织之间协同效率的操作系统。它倡导"有统一目标、统一信念，但不要统一思想，在思想自由、创意自由和目标一致 之间找到最优解"。

每个周期，团队共创目标并公开发布 OKR，以新的方式召开"共识会""追踪会""复盘会""一对一面谈"，采用数字化工具减少信息差，形成肌肉记忆后，逐渐形成统一的组织文化，每个执行周期都是一次组织效能提升的闭环。

组织—协同飞轮模型如图 0-4 所示。

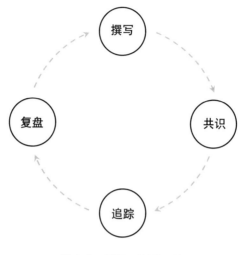

图 0-4　组织—协同飞轮

三、教练—自驱飞轮

"自驱飞轮"是激发团队内在动机、可量化评估的一套标准。围绕 OKR "二会一面"场景，将教练技术、积极心理学中的 PERMA 理论、心流理论，以及内在动机理论融合形成"三大原则、八项要点"的管理标准，帮助管理者进阶成为教练，激发团队的自驱力。

教练—自驱飞轮模型如图 0-5 所示。

图 0-5 教练—自驱飞轮模型

"芯流飞轮"是一种管理哲学，也是一个重要的教学系统，身处高层管理职位，其实就是在教学。

目　录

第一章

芯流飞轮的由来

在这辈子的绝大多数时间里，你生活在你的经验的后果中。现在，你收到邀请，可以成为你的经验的前因，那就是有意识地生活，即清醒地行走。

第一节 自我觉醒

一、此生为何而来

2008 年，我进入一家世界 500 强外资公司担任中国区培训总监，办公地点在上海黄浦江边的一栋法式别墅中。每天工作之余，我喜欢泡一杯咖啡，然后走到办公室的大落地玻璃窗前欣赏窗外宽阔的黄浦江。那时，年轻的我觉得有分量的头衔和不错的薪资就代表了完美的人生。

那年初夏的一天，我收到了一个坏消息：团队中的一位成员在巴厘岛溺水身亡，需要马上派人处理。出国旅游本是公司为员工提供的福利，没想到发生了这样悲惨的事情。死者家属提出将遗体运回老家安葬，于是公司指派我和另一名同事陪同死者家属前往巴厘岛处理此事。一个月后，我们终于办好了各种手续，了结了此事。

回国后，我觉得自己"病"了。这位年轻下属的意外离世让我感到生命竟是如此脆弱。我开始思考每天为了车子、房子以及名片上越来越长的 title（头衔）而奔忙真的有意义吗？我到底想要什么？我要怎样才会觉得满意？我这一生为何而来？我到底是谁？

我发现自己活在他人建构的观念里，活在社会集体意识的期许里，从未真正地为自己活过。

那年，我的生命开始觉醒。

二、在人生低谷，我靠做事硬扛

2009 年，席卷全球的金融危机爆发了，即将迎接儿子诞生的我失去了工作。

我陷入了迷茫，在日记中写道："我逐渐失去了目标，那是一个可以支撑我排除万难且让我享受其中的目标。是时候好好地反思一下了，失去目标之后的烦躁和坏脾气已经使我不堪重负，我要重新找回自我！"

偶然间，在一本书里，我发现了一根可以解救我的"稻草"。我有了一个简单的信念：虽然看不到前方的路，但只要每天坚持做这 6 件事，人生就不会继续向下滑。我把这 6 件事安排在每天的两个时段来完成。

早上：

（1）坚持有规律地起床，培养主导性执行能力。

（2）凌晨冥想，培养正面思考能力。

（3）做好目标管理，培养以目标为中心的人生管理能力。

（4）大量读书，培养知识管理的能力。

晚上：

（5）坚持不懈地运动，培养体能管理能力。

（6）写人生日记，培养自我反省的能力。

就这样，在人生的谷底，我开始了一个人的征程：每天 4∶30 起床，打卡完成一天要做的 6 件事，为此我还专门制作了一个打卡本，经常在上面写写画画，例如下面这句话：

"每天早晨我们被生活推上审判席，每天晚上我们通过上帝的审判"（Each morning puts man on trial and each evening passes judgment）。

——罗伊·L. 史密斯（Roy L. Smith）

这段征程，我走了 3 年多。事后来看，这样的打卡虽然能够减轻我的焦虑，也让我养成了一些良好习惯，却不能让我真正持久地获得成功。因为我并不是发自内心地想做这些事，而是强迫自己做，一旦外界情况好转，这些靠硬扛而养成的习惯就像春天的冰雪，会迅速地消融。

三、积极心理学，让阳光照进心里

2012 年，我已在一家金融行业的央企工作两年了，这种稳定感虽然让我心安，但每天按部就班、两点一线的平淡生活消磨着我的意志、麻醉着我的神经。

通过一个偶然的机会，我接触到了积极心理学（2000年，《心流》的作者米哈里和塞利格曼联合发表了《积极心理学导论》，标志着"积极心理学"的诞生）。它虽是一门非常年轻的学科，却像一道阳光照进了我的心里，让我为之着迷，内心的不安分开始蠢蠢欲动。

积极心理学蕴含着"自我发现"与"自我发展"的秘密，提倡积极的方式与自我谈话，因此我给它起了一个独特的名字——"心流密码"。

2012年秋天，我为自己写下了这样一条"心流密码"：

"我是一个有品位的人，因为我喜欢音乐、爱好阅读、钟情于旅游、用镜头观察世界、用文字记录真实，这样的生活很美好！我沉浸其中……"

我把这条"心流密码"输入手机备忘录，没事就拿出来看一看，大脑里关于这段文字的图像越来越清晰，神奇的事自然而然地发生了，在随后的几年里，我发生了巨大的变化：

我学会了弹吉他（陪儿子学钢琴时，利用等待的时间报班学习），可以自弹自唱几首歌曲。

每年暑假安排一场"父与子的旅行"，从九寨沟到敦煌的"西部之旅"、从陕北到井冈山的"红色之旅"、从大理到丽江的"七彩之旅"……

我开始看书、写文章，把心得发布在公众号上，家人和朋友改变了对我的看法，甚至鼓励我出一本散文集。

我用周末的时间去商学院上课，认识了一群有趣的人。

我的人生像万花筒一样，变得丰富、饱满起来。这一切都因为我改变了自己的潜意识，使我的行为自然而然地发生了变化。我像一个好奇的孩子，推开了一扇门，观察着门后崭新的世界。

四、用心流降熵

清华大学社会科学学院积极心理学研究中心赵昱鲲老师为《心流：最优体验心理学》作推荐序时有一段关于"用心流降熵"的精彩描写：

"熵是指一个系统的混乱程度。越混乱，熵值越高。比如在冰里面，水分子相对固定在一个位置附近振动，系统比较稳定，熵值就比较低。变成液态水后，分子开始流动，熵值变高。成为水蒸气后，分子四处乱窜，熵值就更高了。反过来，一个系统内部越有规律，结构越清晰，熵值就越低。

"人类思维的活跃程度犹如无数水分子在涌动，时刻不停地变换和运动。佛教将这种状态用喧闹的瀑布来形容，形象地描述一个人静坐时的内心波澜。如果没有经过长时间、有意识的自我训练与约束，你的内心很容易处于这种混乱状态。尽管你感知到的念头可能只是其中的一小部分，但实际上，在潜意识里还有更多的念头正在争夺你的注意力，如同无拘无束四处奔跑的孩子。

"在这样的情况下，大脑就像热锅中翻滚的气体，各个念头之间缺乏约束和联系，各自四散奔驰。此时的内心充满了混乱，熵值达到很高的水平，使得心灵难以宁静。

"然而，当你进入心流状态时，一切都截然不同。此时，你所有的注意力都集中在眼前的任务上，大脑中与任务无关的念头被完全屏蔽。你对外部世界和自我的感知也逐渐模糊，那些关于他人评价、物质得失都消失得无影无踪，你完全沉浸在当下。

"在心流状态中，你的大脑并没有停止运转，事实上，它的运作速度更快。然而，与之前不同的是，所有这些念头变得井然有序，就像一支纪律严明、组织有序的军队，齐心协力、步调一致地向着完成任务前进。这时候，你的感觉仿佛被一股强大的力量引导，成为一股有条不紊但又充满活力的洪流。

"这种心流状态正如其英文名称'flow'所暗示的那样，使人的内心化作一股浩荡的钢铁般的洪流。尽管强大无比，却是井然有序且波澜不惊的。在这个过程中，你不需要刻意地控制什么，反而一切都仿佛在你的掌控之中。正如契克森米哈赖所总结的，这便是最优体验。

"在此状态下，你的心熵降至最低，大脑呈现出清晰的晶体结构，充满能量的同时又井然有序。当你审视内心时，会发现它如同晶莹剔透的冰之美，所有念头相互支持、相互关联，齐心协力地向着同一个目标前进。这是一种混乱程度最低、秩序程度最高的心理状态，能够使你在短时间内提高工作效率、激发创造力并享受到极致的愉悦。

"创造意义是通过整合行动形成心流体验，建立心灵秩序。追求重要目标时，各种活动汇聚为统一的心流体验，使意识变得祥和。了解自己的需求并向这个方向努力的人，感觉、思想和行动更加协调，内心和谐。

"复杂的人生往往更加有意义，因为复杂度高，过程更有趣。例如，围棋比五子棋更受欢迎，油画比素描更丰富。同样，对于心流体验，一个大科学家思考物理问题的心流被认为更宏大、壮丽，因其更复杂。心流有高低之分，原本的混沌越多，整合的元素越复杂，心流就越伟大。

007

"那些能够整合复杂人生、找到人生意义，整合复杂世界、形成自身世界观，整合复杂且矛盾的价值观、形成自身价值观的人，具有最大的'大心流'。"

五、用 OKR 升维

心流层次的高低取决于看问题的维度。这个世界上有很多维度，每个人所在的维度不同，看到的世界也不同。

假设你生活在一个二维世界中，那么三维的物体就会被投影成等高线，这就好像将一座山从三维投影到二维平面上，它就变成了一系列等高线（见图 1-1）。但是，如果你只关注等高线，就无法真正理解这座山的本质。因此，我们需要升维到投影源层面，才能更全面地了解问题。

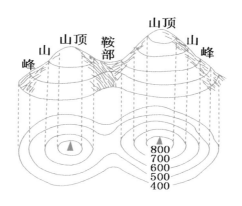

图 1-1　山的投影和等高线

在人生旅程中，我们也需要升维思考，提高自己的认知水平，这样才能更好地发现并解决问题。刘丰在《开启你的高维智慧》一书中指出，下功夫的第一件事是觉察，去发现真正的问题。这就需要把视野放得更宽广，从多个角度去观察和分析。

OKR 的闭环过程，就是一个不断迭代升维、逐渐揭示问题本质的过程。

撰写 OKR 时你设定了一个"目标"，周期结束后得到了一些"结果"，而复盘是盘点"目标"与"结果"的交集，通过不断地复盘和反馈，就可以提升自身认知维度（见图 1-2）。

交集越大，评估自己能力越强

图 1-2 自我反馈闭环

这个世界充满规律，不同维度遵循着不同的规律。哥白尼发现了天体运行的规律，提出了日心说。在他的启蒙下，人们摆脱了"世界有尽头"的束缚，开始勇敢地驶向大海，从而发现了新大陆；牛顿发现了力学的三维空间规律，瓦特在此基础上发明了蒸汽机，人类从此进入了工业化时代；爱因斯坦提出相对论，揭开了时空和引力的规律，带领人类进入了一个前所未有的发展阶段。

历史上那些取得非凡成果的人往往善于进入心流状态，他们在这个过程中逐步接近更高维度的"投影源"，最终揭示了更高维度的规律。

在商业领域，认识到更高维度的规律同样至关重要，这将决定一个人是否能够成为卓越的"一号位"。对此，OKR提供了一套个人"心法"，包括相信、联结、觉察和专注，四个环节相互联系，形成一个闭环，使我们可以持续优化并在迭代中找到更高维度的规律。

成长的过程充满曲折，人们常说"在主观世界和客观世界之间有条沟，跌入其中就是挫折，爬出来则为成长"。所谓的成长，就意味着对不同维度规律的认知和领悟。

需要指出的是，"一号位"并不仅仅指组织中的领导者，每个人都是自己生活的"一号位"，需要通过不断挑战、学习和成长来实现内心的成长。

六、有心流的 OKR 才是活的 OKR

《心流》的作者米哈里指出，心流体验更多地出现在工作中，占比约 54%，远远高于出现在休闲时间的比例（18%）。

在工作中，体验心流需要具备以下两个要素。

（1）要对工作进行设计。用 OKR 对工作进行设计有利于进入心流状态。制定 OKR 时，要留意目标是否明确、难度是否匹配，同时要思考从哪里获得反馈，因为及时获得反馈很重要。如果是正反馈，你就有了更大的动力；如果是负反馈，你就能及时纠偏。

按照以上方法，设计一个"我做主"的 OKR 并与上司沟通好，达成共识，通过不断地练习，你就可以掌控自己的工作。

（2）要有自得其乐的态度。享受心流需要有自得其乐的态度，这一点是可以培养出来的。我们把 OKR 的"剑法"与积极心理学的"心法"结合起来，主张"有心流的 OKR 才是活的 OKR"。

第二节 组织进化

人是环境的产物，能否在工作中创造心流与人所处的组织环境关系密切。

一、你的组织是什么颜色

2019 年，《重塑组织》（*Reinventing Organizations*）一书出现在我的视野里。该书作者弗雷德里克·莱卢提出了一个非常有趣的视角：贯穿整个历史，人类所创造出的组织类型与相应的世界观和意识状态紧密相联，人类每次改变认知世界的方式，就会带来更加有力量的组织类型。该书还提供了一个有趣的商业世界观，即给每个阶段及与之对应的组织形式都赋予一个名字和一种颜色（见表 1-1）。

011

表 1-1 组织形式的演变

组织类型	特征	实例	主要范式	隐喻
深红组织	首领运用武力保持队伍的秩序，恐惧是组织的黏合剂；在混乱的环境下较为繁盛	部落武装	冲动	狼群
琥珀色组织	金字塔式组织，自上而下地命令和控制；借助严格的流程，稳定高于一切；未来是对过去的重复	军队；政府机构；公立学校	服从	军队

组织类型	特征	实例	主要范式	隐喻
橙色组织	目标是打败竞争者，取得盈利和增长；创新是处于领先的关键；目标管理	跨国公司；私立学校；投资机构	成就	机器
绿色组织	在金字塔结构中，聚焦于文化与授权，以达成非凡的成员激励	文化驱动型组织；公益组织	多元	家庭
青色组织	拥有自身进化宗旨的生命体；信息透明化，去中心化分权；通过特定的会议流程引导集体智慧共创战略；探索个人与组织宗旨的结合，邀请外人提建议	自组织；数字化、去中心化组织	兼容	生物体

在近 20 年的职业生涯里，我先后在跨国金融企业（橙色组织）、国有企业（琥珀色组织）工作过，对于绿色组织（家庭）也并不陌生，然而，青色组织究竟是怎样运作的？是否代表着未来？在国内有没有属于青色组织的企业？OKR 是否是青色组织的"标配"？是否还要对 OKR 进行本土化改造？我对这些问题产生了强烈的好奇心。

青色组织是一种去中心化的自组织，其中变化自然而然地发生着，无处不在、无时不有，它来自每一个细胞、每一个有机体的需求，不需要领导者用命令和控制的方式发出指令或扳动杠杆。

二、字节跳动的六要素

2019 年，我开始关注字节跳动，不只是因为其成长速度非常惊人，更是因为它从创始团队只有十几个人时起就开始使用 OKR，还开发了内部协同办公软件——飞书，有明显的"青色组织"特征。

字节跳动属于这个时代的"先进组织"，一番研究后，我发现推动其快速发展的操作系统包含六个要素。

1. 人才密度

人才密度高，通俗来讲就是优秀的人扎堆，这对于网状组织的决策和创新都至关重要。字节跳动认为"和优秀的人做有挑战的事"是吸引人才的最强"磁铁"。所谓"优秀"，是指员工符合公司行为准则（字节范——追求极致、务实敢为、开放谦逊、坦诚清晰、始终创业、多元兼容）。除了利用雇主品牌吸引人才，字节跳动还采取了一系列激活组织人才活力的措施。

2. 管控方式

传统管理方式的底层逻辑认为员工都是爱偷懒的，因此需要经理采用强管控、强流程来管理，从而保证"不出错"。现代企业更希望员工"干得好"。字节跳动的管理底层逻辑是善意假设，即在假设员工能力充分、值得信任的基础上，加大授权、减少管控，如在 OA（office automation，办公自动化）审批流程中，差旅申请只需要"知会"领导，而不需要提前报备和审批。

3. 企业文化

传统企业等级森严，在称呼上喜欢使用"××总"，在这种文化下，员工的创意和活力往往会被限制。而字节跳动强调不分级别、不分资历，所有员工都以平等的身份相互协作。在字节跳动，职级不公开显示，员工统称为"同学"，福利政策一致，淡化层级观念。

4. 目标管理

字节跳动学习了英特尔、谷歌的 OKR 目标管理方式，鼓励员工设定完成概率达 50% 的具有挑战性的目标，并通过双月（2023 年改为季度）OKR 会议审视更新。

5. 数字化

在传统企业中，员工往往要花费一定的时间用于信息整理和呈现，如美化 PPT、整理会议纪要等，字节跳动提倡以简洁精要的文档作为主要信息载体，消除无谓的 PPT 美化，强调通过数字化工具将信息的复制与再传播、再利用的流程都变得标准化，提高效率。

6. 会议

传统企业经常出现会议目的不明、议程散乱、员工机械性参会、成果无人落实等情况；在字节跳动，会议目的和议程清晰、明确，避免机械性参会和成果无人落实；会议采用"飞阅会"机制，所有与会者都遵照静默阅读、评论/讨论、落实结论的"三步走"模式。

三、OKR 不是"万能药"，还需因地制宜

对组织而言，OKR 不是"万能药"，正确认识 OKR 才能用好 OKR。

1. OKR 解决不了的三类问题

（1）OKR 不能解决战略规划问题。OKR 能够帮助企业更好地思考和实现战略落地，但并非用了 OKR 就有更好的战略，它的本质是一种促使人人围绕战略主动思考并度量结果的方法和工具。

（2）OKR 不能代替领导力。仅仅设定一个目标并不能带来成功，领导者、管理者必须带领团队共同努力，才能更好地达成目标。各级管理者都必须主动思考业务本质和目标的最佳实现路径，以 OKR 分派任务不仅是对 OKR 的误用，更反映了管理上的懒怠。

（3）OKR 不能解决绩效考核问题。目标管理让员工专注于思考如何实现目标，绩效考核专注于对员工所做贡献给予公平回报，前者是价值创造，后者是价值分配，二者有本质上的区别。

2. 上马 OKR 要三思

企业上马 OKR 要充分考虑自身情况、资源，不可盲目，否则很可能因违背规律而失败，特别是中小型企业，一定要三思而后行。

（1）行业、企业现状是否适合？和竞争对手相比，企业的核心竞争力是什么，是个人能力还是组织能力？在未来，企业的价值创造偏向于高效执行还是偏向于灵活创新？

（2）在评估管理团队现状时，要关注思维层面、行为层面和习惯层面的变革。领导者的影响力应来源于自身的专业贡献，而不应依靠论资排辈；管理者要从"管控"式角色转变为"教练"式角色，要掌握启发式培养人才的技能；项目负责人必须掌握积极心理学的原理，放弃"胡萝卜加大棒"式管理，强化 OKR 管理意识。

（3）是否存在历史包袱，应如何解决？针对从 0 到 1 的模式打造（平地盖房子），要思考从哪个环节入手最容易，如何有序建设文化、组织、机制和工具等支撑体系，并明确这些要素之间的关系与先后顺序；针对从 A 到 B 的模式调整（如从 KPI 调整到 OKR 模式），要梳理可利用的历史资产与不利于模式切换的历史包袱有哪些，找出渐进式调整中的核心要素。此外，还需要考虑老员工和领导的思维、行为阻力，激发全员强烈的转型欲望，并尽量避免转型对原有业务的负面影响。

四、组织的操作系统——芯流飞轮

许多组织在发展中都会遇到以下三大问题：

第一，目标不聚焦、协同不给力。

第二，沟通不畅、无统一语言。

第三，员工能力不足、不自驱。

针对以上三大问题，经过几年的摸索，我们提出"扎木桶""理三盒""建 1 v 1"的"三步走"理念，即为企业安装"芯流飞轮"，保证企业的日常运营不跑偏。

1. "扎木桶"——团队同频

我认为，可以尝试在团队中引入 OKR 管理方法，特别是在核心团队和上层管理人员之间。OKR 就像用于修补木桶漏水部分的铁皮（见图 1-3）。刚开始时，大家可能对此不太习惯，但只要按照 OKR 的"三会一面"原则，达到相互了解、认同和支持的程度，经过几轮的实践和积累，团队成员将逐渐形成肌肉记忆。随着时间的推移，整个组织将逐步进入一种稳定且高效运转的状态，就像一个精确运行的"飞轮"一样。在这种状态下，团队能够从容应对各种挑战，集中力量实现目标。通过采用 OKR 管理方法，团队可以更好地协同工作，提高执行力和创新能力，从而实现组织的长足发展。

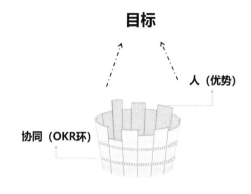

图 1-3　组织中的"木桶"

2. "理三盒"——人尽其才

2019 年，我首次提出了"三盒"原理，即企业内所有的工作都可以放在"白盒""灰盒""黑盒"这三个盒子里（见图 1-4）。

白盒	灰盒	黑盒
目标固定	目标需调整	新的大目标
无须创新的传统业务	需创新的传统业务	新业务
追求效率：多快好省	追求微创新	追求创新、颠覆式创新

图 1-4　"三盒"原理

（1）白盒：确定性工作，流程和标准都很清楚。例如，流水线生产可通过精益生产和强管控的管理方式（KPI）让工作实现"多快好省"。从这个维度上讲，人更像机器的一部分。

（2）黑盒：充满不确定性的工作。人们需要探索这类工作该怎么做，有一定的失败概率，更适合采用 OKR，如新产品、新市场、新变革等。总之，要解决一个新问题，需要激发知识型工作者的创造力和自驱力。

（3）灰盒：介于白盒和黑盒之间的工作，即只有一部分流程和标准是清楚的。例如，企业后勤部门工作中，发工资属于白盒内的工作，流程、标准清晰；塑造企业文化属于黑盒内的工作，需要创新。

简单来说，黑盒内的工作就意味着创新，而只有创新才能找到蓝海。

2018 年，机器人 Alpha Go 战胜李世石标志着 AI 时代的来临。2022 年，ChatGPT（Chat Generative Pre-trained Transformer）诞生。按照一些科学家的预言，在不久的未来，凡是能够被打包进白盒的工作，其从业者都将被 AI 或 Chat GPT 所替代。相比人类，AI 或 Chat GPT 在白盒代表的确定性工作方面有巨大的优势，或者说更有价值的黑盒内的工作将是未来人类工作的主流。

在未来，企业中会形成三类人才，即"开黑盒"的创新人才、"扩灰盒"的精益人才和"做白盒"的一般人才（见图 1-5）。

"开黑盒"的创新人才会逐渐登上塔尖，他们探索未知，打开黑盒并将其变成灰盒，再由其他人慢慢把灰盒变成白盒，而习惯"做白盒"的人将不得不面对与 AI 和 Chat GPT

的竞争。

- 寻找蓝海，开新局（事）——能"开黑盒"的
  创新人才（人）
- 降本增效，拓规模（事）——能"扩灰盒"的
  精益人才（人）
- 稳定生产——能"做白盒"的一般人才

图 1-5　组织人才梯队

3. 建"1 v 1"——激发自驱

上马 OKR 就像拼乐高。首先，你得有目标（objectives，O），即你想要什么（what do you want），大脑中构想的"O"的画面越清晰越好。例如，你想用乐高拼一个飞机，那么在你的大脑当中，这个飞机的图像越清晰，拼出它的可能性越大。然后，你要按照目标（大脑中的飞机图像）寻找那些比较符合的模块（key results，KR），即你要怎么做（how do you plan），如此你会更容易找到它们。

总之，正确地使用 OKR 要满足心流发生的三个条件：目标明确、难度匹配和及时反馈。其中，难度匹配非常重要，它与人的"心理资本"[①] 直接相关。"心理资本"比较充足的人敢于追求更大的目标，"心理资本"不够充足的人会因为觉得目标太大、太难实现而放弃。同时，它还与思维方式相关。具有成长型思维的人往往可以轻松地做出大胆的决定并且马上付诸行动。对于具有固定型思维的人来说，任何越出舒适

[①]　心理资本（psychological capital appreciation，PCA），是指个体在成长和发展过程中表现出来的一种积极心理状态，包含自我效能感（自信）、希望、乐观、坚韧。

区的行为都会让他们感到不舒服，一旦觉得 OKR 的难度过高，他们就会陷入防卫状态，产生拖延行为，最终导致 OKR 项目夭折。

针对上述问题，一般可以采用两种方式：第一，降低 OKR 的难度；第二，提升心理资本。

作为管理者，当然不会轻易降低 OKR 难度，过去常采用的做法就是强制分派，即以任务（KPI）的形式分派给员工，几乎不关心员工的心理反应。长此以往，员工难免出现"上有政策，下有对策"的消极反馈，最终得不到管理者想要的结果。更好的做法是不断提升员工的心理资本，促使他们养成成长型思维。好的管理者往往也是一名合格的个人成长教练，要在 OKR 落地的过程中及时反馈，给予有针对性的 1 v 1 沟通。

五、两个季度跑通 OKR，21 天唤醒自驱

下面以我曾服务过的 Z 公司作为案例进行说明。

Z 公司是一家主营"健康 + 娱乐"业务的新型公司，年产值过亿，属于文旅夜游细分市场，业务涵盖创意服务、技术集成和自运营三大板块，旨在为客户提供优质、专业的定制化服务，总部设在北京，在上海、深圳、重庆和云南设有 4 家分公司。

经过访谈，我发现该公司存在如下两个问题。

（1）"一号位"本来想通过整合各分公司的特色追求一个更大的目标，实施下来却发现缺少相应的机制、沟通效率很低，再加上资源分配不均，导致很难形成合力。

（2）各分公司战略不清晰且均着眼于眼前利益，驱动力不强，后续随着新成员的加入，各分公司与总部的协同将更加困难。总的来说，各分公司生存能力不强、管理者的思维模式不适应业务的转型升级。

针对上述问题，我建议 Z 公司先实施"芯流飞轮"（flow-flywheel）的安装，包括两个周期的"OKR 落地'陪跑'"和"心流密码"（flow-password）训练。具体实施过程如下。

1. 团队"力出一孔"

2021 年 10 月培训开始，第一天的晚上，我引导"第一团队"共 9 个人召开了战略共谋会。讨论到深夜，在分析了行业形势后，"一号位"确定了该公司第四季度最重要的一个目标（O），即"保现金流"（事后来看，这个决策太正确了，因为 2021 年年底，因用电慌，政策发生了转向；2022 年 3 月，上海新冠疫情形势严峻且全国多地均受到严重影响）。

目标确定了，如何达成？

在每周一下午的 OKR 例会（"一号位"和"减一层"参加）上，各分公司都围绕"保现金流"这个目标反馈各自的推进情况和遇到的问题，然后通过讨论解决问题。有了清晰的目标和及时的反馈，难度较大的问题逐渐被拆解，团队士气逐渐提高，全体人员"力出一孔"，向着目标层层推进。

最终，在外部环境不利的情况下，Z 公司超额达成了季度目标，最大限度地保证了现金流安全，储备了"过冬的粮食"。

持续了 3 个月，包括"一号位"和"减一层"在内的"第一团队"已经慢慢离不开这种会议方式了，对使用 OKR达成目标的方法也更有信心了。

2. 员工突破自我

虽然 Z 公司在市场上的口碑不错，但是由于近几年一直在忙业务，该公司没有形成一个很标准的项目操作书。于是，2022 年第一季度，在"一号位"张总的 OKR 里被列为重点项目、代号为"白皮书"的一项工作任务落在了 L 的身上。

L 是一个老员工，接下任务后，他虽然写了"白皮书"的 OKR，但是迟迟没有进展，我和人力资源总监（HRD）都替他感到着急。

据我了解，他卡在了老习惯和旧态度上，但好在最终他迈出了自己的舒适区，以下是他在季度复盘会上的发言：

"一直以来，我在公司的工作都是以现场的项目管理为主，养成了按部就班的固定型思维，因此接到任务后我就开始闷头儿琢磨，一直在担心如果做不好会怎样，领导会不会怀疑我的工作能力。在这种消极的自我对话中，我怀着忐忑的心情开始工作，结果写出的第一版'白皮书'偏离了张总的想法。我觉得非常迷茫和无助，对接下来该怎么修改手足无措，有种有劲儿使不出来的感觉。

"李老师和 HRD 也发现了我的问题，于是他们接连几天和我沟通工作方法和对 OKR 的理解，我努力吸收着他们提供给我的意见和指导，仿佛在拼接打开黑盒钥匙的碎片。

"于是，我决定从头开始。首先，我要改变自己的想法，通过温习'心流密码训练营'21 天的语音课内容，尝试推翻以前的思维方式。

"在这个过程中，沟通起到了很重要的作用。首先，我一次次地和张总打电话、发语音、发文字，确认'白皮书'的内容提纲；然后和其他相关同事沟通，取长补短，充实自己的建设性思考，通过改变自己的内在对话，阶段性地提示自己努力迈出新的每一步。

"在接下来的工作中，我体会到了这些方法带给我的惊喜，也更有动力去查阅资料、向别人讨教，提纲很快就做出来了，也基本得到了团队的认可。

"当然，有几个同事提出了一些不同意见，这对我来说是很好的养分，不仅提升了我的信心，也弥补了我在工作中的不足。最终，提纲得到了张总的肯定，成为在公司内部使用的 1.0 版本。

"通过完成这一工作任务，我有了更大胆的想法和更大的动力，很高兴能获得大家的认可。"

最终，"白皮书"项目成了行业里的第一，L 不但创造性地完成了工作，更通过这个项目完成了对自身职业生涯的"回头看，再升级"。

在 Z 公司，类似的例子还有不少：财务部门的 S 突破自我，做出了一套达到市场水准的专业财务课程，各分公司总经理上完她的课后都有所受益；上海分公司的 H 主动请缨探索元宇宙方向的业务，帮助公司寻找"第二曲线"；HRD 每周自动自发地推动"芯流飞轮"的稳定运转。

经过一年的"陪跑"，使用清华大学积极心理学研究中心提供的成长型思维、自我效能、心理资本测量表（42 道题）测量后发现：Z 公司员工成长型思维均值上升了 8.48%，"韧性"上升了 5.13%，"希望"上升了 4%，"乐观"上升了 0.7%，"自我效能感"上升了 0.64%。

美国心理学家赫兹伯格在其著作《工作的激励因素》中写道："真正的动力来自成就、个人成长、工作满意和获得认可。"换言之，要用工作本身激励人们，而不是依靠奖励或施压。

3. "一号位"坚持初心

项目的成功离不开"一号位"的坚持。Z 公司的"一号位"以前从不用计算机，但为了该项目，他专门配置了一台笔记本电脑并随身携带。

他认为，OKR 是一种积极的思考方式，希望 Z 公司的员工可以把这种思维方式转变成肌肉记忆，但是不要因此而展开毫无价值的"内卷"。对他的这一理念，我十分认同。

在与我交流时，他表示结合积极心理学让 OKR 落地更符合人性，最后的效果比他预期的还要好。最终，他决定将"芯流飞轮"作为 Z 公司的三大基础管理工具之一。

安装"芯流飞轮"两个季度之后，我与 Z 公司续签了辅导协议；一年后，该公司完成了"芯流飞轮"自运行。

过去，Z 公司凡事都需要"一号位"殚精竭虑、亲历亲为，而此后，他只需要守护"飞轮"向着使命的方向进化和转动。

第三节　教练循证实验

2022 年 6 月，上海刚刚从长达三个月的新冠静态管理中苏醒，所有人都需要重启工作和生活，每个人都面临着较大的精神和生活压力，企业面临着巨大的经营压力。

为了检验"芯流飞轮"的有效性，我在清华大学社会科学学院积极心理学研究中心副主任赵昱鲲老师的指导下，展开了题目为"将积极心理学应用于企业经营，与 OKR 结合，激活个体自驱力，提升团队沟通效率"的教练循证实验项目。

该项目在××青年企业家发展中心 2022 年的 216 名新学员中随机抽取 41 人作为研究对象（其中 20 人作为实验组人员，另外 21 人作为对照组人员），开展为期三个月的培训辅导，并对结果进行测量。

一、实验工具和内容

为了能够得出更加科学、客观的研究结果，本项目采用清华大学社会科学学院积极心理学研究中心提供的"成长型思维"、"自我效能"和"心理资本"（42 道题）测量自测标准量表实施项目的前测和后测（2022 年 7 月 1 日至 20 日实施前测，9 月 16 日至 30 日实施后测）。

该实验项目的具体内容包含以下三部分。

（1）"心流密码"：为期 1 天，是提升学员"自我效能"的线下培训。

（2）"心流密码训练营"：为期 21 天，是提升学员"心理资本"的线上训练营。

（3）"OKR—芯流飞轮训练营"：为期 1 个月，是促进学员养成成长型思维的线上陪跑训练营。

采用清华大学社会科学学院积极心理学研究中心提供的量表作为统计工具，计算实验数据的平均值与标准差，用对照组前、后测图表和 Excel 函数检查、T 检验等工具对量表得分进行统计和分析。

二、实验结论

（1）实验组人员"心理资本"均值上升 7.12%，效果显著。其中，"希望"和"乐观"维度的效果极为显著；"自我效能感"和"韧性"维度的效果显著；成长型思维的效果不显著。

（2）成长型思维的效果不显著主要和干预时间过短有关。OKR 遵循 PDCA 闭环管理模式，每个周期都会通过复盘总结教训、积累经验，一般三四个周期后才会对成长型思维产生影响。而本次实验时间有限，只进行了 1 次为期一个月的 OKR 周期（前文中 Z 公司在经过 1 年的陪跑后，员工的成长型思维均值上升了 8.48%）。

（3）在本次实验中，实验人员对教练技术、OKR 目标管理法、积极心理学中的 PERMA 理论、心流理论和内在动机理论等进行了融合创新。

在该实验中，我首次提出了可量化评估、可激发团队内在动机的教练工具——"三大原则、八项要点"并经过实践验证有效。

个体—认知飞轮

在王阳明的《传习录》中有这样一段话：

曰仁云："心犹镜也。圣人心如明镜。常人心如昏镜。近世格物之说，如以镜照物，照上用功，不知镜尚昏在，何能照？先生之格物，如磨镜而使之明。磨上用功。明了后亦未尝废照。"

这段话的意思是：人的心像一面镜子，可折射出外部的世界。如果这面镜子凹凸不平，人看到的世界就会扭曲。把自己的"心镜"打磨得越平滑，越能够看到世界的真相和规律。

"认知飞轮"是提升个体进化和升维效率的操作系统（见图 2-1）。它强调"所有有意义而持久的的变化都先从内心开始，然后由内向外地发展"。

"认知飞轮"的转动首先源于一个有心流的目标，然后通过 OKR 的"撰写、共识、追踪、复盘"（就是前面所说的"剑法"）来拆解和实现这个目标。

每个人都有一个内在的操作系统且这个系统在心流状态下效率最高。本章将从认知心理学和积极心理学的角度，揭示这个内在操作系统的运行规律，即"相信、联结、觉察、专注"，也就是前面说的"心法"。

图 2-1　个体—认知飞轮

外在的"剑法"需要内在的"心法"来驱动，因此本章着重介绍关于"心法"的最新研究成果。每个追求目标的过程都是一次认知升级的闭环，个体的能力和思维也会随之进化和升维。

第一节　相　信

一、电脑有操作系统，大脑也有

电脑有操作系统，大脑也有操作系统。人们后天习得的知识、技能、道理、逻辑像一个个 App，而人内在的愉悦和恐惧相当于操作系统。当"App"多到"操作系统"承载不了的程度，就需要升级大脑的操作系统。

1. 我们是如何感知世界的

清华大学生命科学院院长施一公有一段非常精彩的公开演讲：

"我们如何感知这个世界？感知是我们通过嗅觉、触觉、味觉、听觉和视觉五种感官来体验周围环境的过程。从生物学角度来看，这些感觉又是怎么样的呢？

"嗅觉其实只涉及400多种蛋白质；触觉则需要100多种G蛋白偶联受体（GPCR）；而味觉只依赖几十种离子通道蛋白和受体。这三种感觉结合起来，总共就不过600多种蛋白质而已。

"当谈到听觉时，记住我们需要借助空气中的声波。在宇宙中，平均密度约为每4立方米一个氢原子，在这里你是无法听到任何声音的。事实上，在地球上我们也只是依靠中耳内一个微小的结构才能听到声音，这显得非常微弱。

"然而，我们主要还是通过视觉来感知世界。简单来说，眼见为实。那么，视觉究竟是怎么工作的呢？视觉其实是视网膜细胞对电磁波的感应，但这个范围相当有限，只在390纳米到700纳米。相比于整个光谱，这只是很狭窄的一段。

"例如，人类无法看到X射线波段，蜜蜂却可以。它们能看到紫外线，甚至可以看到花蕊发出的紫外光。事实上，许多生物感知到的世界与我们完全不同。

"那么，两个人对红色的感知会完全相同吗？可能并非如此。

真实情况是，我们所看到的世界完全是主观的，没有绝对客观的世界存在。

"试想一下，我们仅凭借不超过1000种蛋白质的生物体来感知这个世界，哪里能够找到所谓的客观世界呢?

"这些例子表明，我们感知世界的方式其实是非常简化的。通过我们五种基本感觉所涉及的蛋白质数量来看，我们的感知其实只覆盖了世界的一小部分。虽然我们经常以'眼见为实'为准，但实际上，每个人感知到的世界都是独特的、主观的，而不是绝对客观的。"

2. 被困在大脑的"沟壑"里

美国心理学家德·博诺有一项研究，为了方便大家理解，我把它做成了两张图（见图2-2）。儿童的大脑就像一片平整的沙滩，信息如同雨滴般落在沙滩上，这些雨滴（信息）会在沙滩上留下一个个小坑，并不会移动到其他地方。随着儿童渐渐长大成人，不断有新的雨滴（信息）滴落，沙滩逐渐变得不再平坦，被冲刷出"沟壑"。

在成长过程中，我们不断观察父母、老师和同学等的言行举止，这些像雨滴一样的信息在我们的大脑中形成一道道"沟壑"，不知不觉间，我们形成了自己的认知和习惯。正是由于每个人大脑中的"沟壑"都不相同，因此面对同一件事情时，不同的人可能产生截然不同的反应。

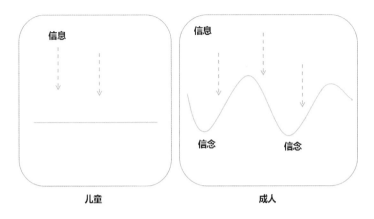

图 2-2　信息的"沟壑"

　　成年后，我们的大脑中已经形成了很多"沟壑"，当新的信息如雨滴般落下，它们自然会流入最深的"沟壑"。可以说成年人在某种程度上已经失去了看到事物"真相"的能力，因为成年人往往只能接收到那些流入大脑"沟壑"的信息，并将这些信息当作客观事实，由此限定了自己所能感知的世界范围。

　　因此，我们需要时刻保持警惕，避免被困在大脑的"沟壑"里，让过于狭窄的世界观影响我们的人生。

3. 固定型思维与路径依赖

　　通过描述信息的"沟壑"，我们希望揭示一个道理：我们需要时刻保持警惕，避免被困在大脑的"沟壑"里，产生盲点，让过于狭窄的世界观影响我们的人生。

　　盲点就像我们视野中的一个遮挡物，容易使我们陷入"固定型思维"的困局。当我们限于"固定型思维"，设定目标时的第一反应通常是思考"如何实现这个目标",然后就是在已知的资源和方法中寻找答案,并希望找到确凿的证据来证明自己的方法是可行的。遗憾的是,在这个过程中,我们的思维往往变得封闭,专注于从现有途径中寻求解决方案,而忽略了可能存在的其他选择。这种现象被称为"路径依赖",在日常生活中无处不在。举个例子,开车上班的时候,如果不是遇到交通堵塞或道路施工等情况而被迫转换路线,人们总会觉得每天都走的那条路线是最佳选择,但实际上也许还有更好的路线可选。

要打破固定型思维的限制、摆脱"路径依赖",我们需要跳出舒适区,敢于尝试新的方法和途径。正如寻找新的上班路线一样,我们在面对问题时应保持开放的心态,尝试采用成长型思维。这样,我们才能真正拓宽视野,发现更多的机会与可能。固定型思维与成长型思维的比较如图 2-3 所示。

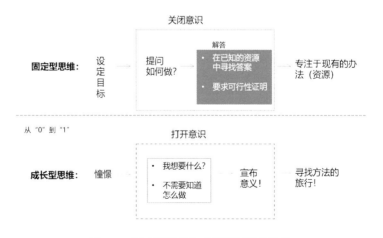

图 2-3　固定型思维与成长型思维的比较

二、重启大脑的操作系统

在人生之旅中，有许多人会对我们产生影响，可能是家人、老师、朋友，也可能是名人和意见领袖，这些不同角色通过他们的言行教导我们看待世界，间接地塑造了我们的思维方式。

然而，在接受这些人的观点或在他们的影响下，我们可能会潜意识地产生思维盲点，从而使我们的选择变得有限，甚至无法看到其他可能性。实际上，我们所看到的世界在很大程度上是由我们愿意和准备去看到的东西构成的。换言之，我们的视野和认知范围决定了我们能看到什么。

要打破固定型思维定式，我们需要了解大脑的运作机制。也就是说，需要学会如何调整心态、拓宽视野，重启大脑的操作系统，从而发现潜在的选择和机会。事实上，重启大脑的操作系统完全可行，当我们愿意去尝试改变固有的思维模式，开始接触新观念、尝试新方法时，就会发现以前看不到的东西。

1. 意识、潜意识、创造性潜意识

我的心理学启蒙老师路·泰斯先生把大脑分为三个功能区，即意识、潜意识、创造性潜意识，美国心理学巨匠班杜拉博士也认可这种划分方式（见图2-4）。

1. 感知　　　　　　　　　　　意识　　　　　　　　4. 决定

2. 联想　　　　　　　　　　3. 评估

潜意识　　　　　　　　　　创造性潜意识

1. 存储现实（真理）　　　　　　1. 保持心智健全
2. 习惯、态度　　　　　　　　　2. 解决冲突
3. 自我形象　　　　　　　　　　3. 创造能量
4. ……　　　　　　　　　　　　4. 目的论

图 2-4　大脑的三个功能区

意识负责感知、联想、评估和决定，潜意识则负责存储现实（真理）、习惯、态度以及自我形象等，俗语"一朝被蛇咬，十年怕井绳"即解释二者关系的例证：一个人被蛇咬后，疼痛和恐惧的感受便嵌入潜意识，进而影响意识中的感知和决策。可见，潜意识对意识具有很大的影响力。虽然任何决策和行为都要经历感知、联想、评估和决定这四个环节，但实际上影响日常生活和工作的往往是潜意识。

乔纳森·海特在《象与骑象人》一书中把意识比作骑大象的人，大象则代表潜意识。当你设置了目标但行动受阻时，可能是因为你只是在意识层面设定了目标，就如同骑象人无论怎么发号施令，大象也不为所动。

相比意识和潜意识，创造性潜意识扮演着特殊角色，它确保一个人的行为始终符合其自身的认知，让外部世界与内心世界吻合。也就是说，如果你觉得自己在某方面很笨，即使事实并非如此，创造性潜意识也会让你表现得很笨拙。因为你在自己的大脑中树立了自己很笨的"事实"，创造性潜意识便无法帮助你发挥潜力。

大多数人在选择人生道路时，往往依赖过去的经验，那么如果在你潜意识里的信念是错误的、不真实或幼稚的，创造性潜意识便会将你引向错误的道路。

计算机领域有一个很有名的说法，即"garbage in, garbage out"，翻译成中文就是"垃圾进，垃圾出"，这意味着当你向电脑输入错误信息时，就别指望得到正确的答案。人的大脑也是如此，因此我们需要审视自己潜意识里的信念，并在必要时予以调整、清理，以确保在生活和工作中做出明智的决策。

2. 大脑的决策过程

在我们做出决策的过程中，意识负责处理的是明显的信息，如逻辑、数学等，而潜意识则会通过存储的经验和信念来影响我们的选择。

例如，一个人可能由于童年或青少年时期的失败经历在潜意识里产生"我的能力不足"的想法，当他需要做出某个重要的决策时，这个想法就会自动激活，导致他选择放弃机会，因为他认为自己没有机会取得成功。只有当他意识到自己深处这种错误的潜意识的影响下，并开始用积极的方式看待自己，才能改善这种状况。

因此，了解和管理自己的潜意识非常重要，可以帮助我们做出正确的决策，发挥潜力，拥有更好的生活。

三、潜意识里影响决策的三个因素

在我们的潜意识里，影响决策的因素有三个。

1. 态度

态度是指个人对某件事的倾向或看法。它本身并没有好坏之分，而是取决于具体情况。例如，对于喜欢吃甜食的人来说，他们对甜食持有积极的态度，这本身没有好坏之分，但如果他们设定了减肥目标，则这种态度就会与目标产生冲突。

如果态度与目标不匹配或互相矛盾，就需要做出选择：一是保留目标，改变态度；二是保留态度，放弃目标。

2. 习惯

习惯是一种自动化行为。当我们习惯了做一些事情，如系鞋带、骑自行车、弹钢琴等，这些事情就会变成潜意识中的动作，不再需要我们费心去思考它们的执行过程。同样地，许多日常活动也是在潜意识中完成的，在潜意识状态下，我们可以流畅而高效地完成一些事情，同时会将一些新的信息和方法排除在外。如果我们一直保持这种惯常模式，就很难取得更大的成就。因此，为了不断提升自己，我们需要打破

惯常模式，尝试新的行为、模式和方法，有意识地、有效地
完成事情，这样才能取得更大的收获。

要打破惯常模式，首先需要对自己的行为进行反思，认
真分析自己的习惯，找出其中存在的问题，并制订相应的改
进计划。在这一过程中，重复是非常重要的一步。我们需要
通过重复、再重复，逐渐将新的行为、模式和方法转变成潜
意识中的习惯。

3. 信念

信念调节外在绩效。

十几年前，我在某保险公司做基层管理工作，可以近距
离地观察一线销售人员，每个月月初，他们的业绩都会清零，
所以每个月都有很大的业务压力。

经过长时间观察，我发现了一个很有意思的现象：有一
类业务人员，他们每个月的佣金（FYC）都在 1 万元左右。
如果这一个月的前三周没有开单，到了最后几天往往就会开
一单，挣到 1 万元；如果月初开了单，FYC 达到 1 万元，那
么后面几周往往很难再开单。这是因为，他们的潜意识里储
存着"每月挣 1 万元就够花了"的信念，这种内在的信念决
定了他们外在的绩效。

这时候，公司就会做一些管理动作，如请他们到国内
外旅游、住五星级酒店、买各种东西、成为百万圆桌会员
（MDRT）……逐渐地，他们发现每个月 1 万元不够花了。

当某一个月的 FYC 达到 3 万元，他们就会在潜意识里产生"挣 3 万元不难"的信念，当这一新的信念被存储在大脑中后，外在绩效也将随之发生变化，即将每个月的 FYC 稳定在 3 万元的水平。

如同一艘船上有一个方向盘，还有一个自动导航装置，在自动导航装置的作用下，船在向北走。如果你想让船往东走，就要使劲转动方向盘，但是一旦你松开方向盘，船还会继续往北走（自动导航在起作用）（见图 2-5）。

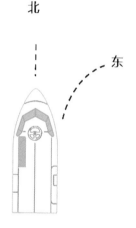

图 2-5　方向盘与自动导航

同样地，我们想改变自己，单纯依靠努力、刻苦和意志力是不够的，如同使劲转动船上的方向盘，一旦你稍微有所松懈，你的"自动导航装置"（潜意识里的信念）又会让你往北走。

理解了这些信息，就像破译了一个密码，一个能够重启自我的密码，那就是：信念调节绩效。

最后小结一下：大脑有一个操作系统，我们所看到的世界并不是真实的世界。宇宙万物有其自身的规律，而我们却被大脑里的"沟壑"所控制。当了解了大脑的决策过程，发现潜意识里的态度、习惯和信念是决定我们外在绩效的内在原因时，我们会变得越来越清醒。

第二节　联　　结

人生就是经历和创造，在"非我"中，成为"我"。

——（美）沃尔什《与神对话》

一、网状激活系统

在我们的脑干底部有一组神经细胞群，它们连接着大脑的皮质中央区，医学上把这组细胞群叫作网状激活系统。它就像大脑的"秘书"，具有阻拦和筛选信息的作用。

我们每天都会接触很多信息，包括眼睛看到的、耳朵听到的、鼻子闻到的、皮肤接触到的……如果所有信息同时涌进来，我们的大脑将难以承载。正如《少有人走的路》中所描写的："当所有的信息同时进来，我就迷失了。"

网状激活系统作为大脑的"秘书"，具有非常重要的作用，它只允许两种信息滤过：一是有威胁的信息；二是有价值的信息（见图 2-6）。有威胁的信息一定会被滤过，这是进化过程中人类得以繁衍存活的前提；而对于有价值的信息是否会被滤过，存在很大的个体差异。

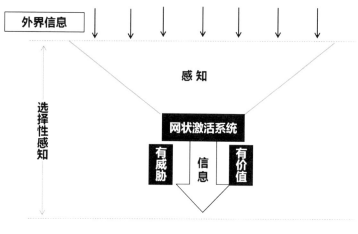

图 2-6　网状激活系统

1. 联结价值

举个例子：深夜，疲惫的母亲陪着婴儿在沉睡，此时就算有汽车从门前开过，母亲和婴儿还是沉睡着。但是，如果婴儿醒了并发出微弱的啼哭声，母亲就会立刻醒来。这个例子反映的不是声音大小的问题，而是有价值的信息会被人脑的网状激活系统滤过。

再举个我自己的例子。

2003 年我去到上海，住在世纪大道附近。有一天，房东给我打电话："小李，房租要涨了。"我问："为什么？"他说："四号线通车了，房子成了'地铁房'……"那天，我们谈得很不愉快，我决定赶快搬家。

我翻看着报纸上密密麻麻、豆腐块大小的租房信息，运气很好，我找到了一个教师公寓，价格便宜，房子也好，第二天就搬了进去。我在那里住了一年多，直到买了自己的房子。

当时，我只是觉得自己特别幸运，刚好看到这个房子的信息，现在想起来可能这条信息早在前一天、前一周甚至前一个月就登在了报纸上，只是那时我并不需要，所以没有看到它。在那一天，"搬家"成了对我来说最重要、最有价值的事情，于是我的网状激活系统开启，让我发现了那条重要的租房信息。当我搬完家之后，我又看不到关于租房的信息了，那是因为我的网状激活系统又关闭了。

有时候，遇上某些事让我们以为自己很幸运，但实际上是因为那些事对我们有意义，我们大脑中的网状激活系统被打开了。

从那以后，我相信有价值的信息一直都是存在的，我只需要去联结它。

2. 制作路标

网络激活系统能让我们马上就看到想要的信息吗？其实不一定，这就像你需要在非常热闹的市区找一个停车位（你树立了这个很明确的目标），但这时候你不一定能够马上看到那个停车位。你的网状激活系统开始搜集信息，闪烁的车尾红灯、抖动的排气管、车内晃动的人影、走向汽车的人群，这些信息像路标一样指引着你，最终让你找到一个停车位。所以，网状激活系统可以帮助我们制作"路标"，给予我们指引，并最终达成目标。

3. 自行负责

回到上文的例子，母亲和婴儿正在沉睡。半夜，婴儿突然哭闹起来，母亲立刻醒来照顾孩子。那么为什么父亲没有醒来呢？很可能是因为父亲已经关闭了自身的网状激活系统，他意识到母亲会起床照看孩子，于是放弃了"自行负责"的态度。

在工作和生活中，我们也常常会产生类似的心理暗示，如"这是母亲的事""这是老板的事""这是其他部门的事"等。当我们这样想时，就意味着我们放弃了"自行负责"，网状激活系统随之关闭，我们看不到相关信息，因为它们对我们来说没有价值和意义。

要开启网状激活系统，有两个关键前提。

第一，目标必须非常清晰和具体。我们需要明确地描述自己的目标，因为注意力和对外界的感知会随着对目标的描述而发生改变。换句话说，你看到的世界是你准备好看到的，这一点颇为有趣。

第二，培养自行负责的态度。以"一号位"为例，他们往往必须亲自解决问题或做出最终决策，这是因为作为负责人的他们没有办法再将问题交给其他人，因此其视野必须比一般员工更广阔，思考也必须更深入。"一号位"必须自行负责，他们需要像抛出鱼竿上的鱼饵一样，将网状激活系统扩展到自己的舒适区之外，为企业找到未来的方向。

利用清晰的目标和自行负责的态度来开启网状激活系统，可有效提高学习、工作和生活的质量。在面对不同情境时，要学会调整心态，为自己设定明确的目标，并勇于承担责任。

4. 控制"开关"

掌握自身网络激活系统的运作时机（何时开启，何时关闭）至关重要。若只开启不关闭，我们将受到大量噪声的干扰。集中注意力并聚焦目标有助于实现深度连接，取得成功；保持开放心态，拥抱多元化思维则有助于广泛联系、拓展可能性。网状激活系统应在何种情况下开启？什么时候需要关闭呢？这是一个值得我们时刻去思考、探索的问题。

此外，了解开启与关闭他人网状激活系统的方法同样重要。开启对我们具有重要意义的人的网状激活系统并非像拧开瓶盖那般简单。例如，当孩子不能专注学习时，问题是否仅存在于孩子本身？会不会是父母或老师尚未找到激发其兴趣和潜力的方式？如果您是一名销售人员，如何开启客户的网状激活系统以增强其购买意愿呢？作为下属，如何开启领导的网状激活系统，赢得其信任与支持呢？同样地，作为领导，又该如何调动下属与团队的潜能，提高其工作效能呢？

这些问题充满挑战与趣味性。我们可以通过不断深入研究，提高自身认识，找到解决这些问题的方法，从而帮助更多人了解并掌握如何通过有效利用网状激活系统来改善学习、工作和生活。

二、把想象变为现实

把想象变为现实需要经过两次创造，第一次发生在大脑中，第二次发生在现实中。

首先，我们会在大脑中产生许多想法或构想，这就是第一次创造。在这个阶段，我们需要做的是对这些想法或构想进行提炼、整理，并将它们用书面形式表达出来，如使用OKR方法。此时，这些想法或构想依然仅仅存在于纸面上。

第二次创造指的是将上述书面化想法或构想付诸实践，在现实世界中进行实验、探索和创新。在这个过程中，我们需要根据已有的想法或构想，不断尝试，通过与现实世界的互动获取反馈。通过反复实践、调整和优化，逐渐接近成功的终点。

下面举一个简单的例子来具体说明这两个阶段的创造过程。

要设计并制造一辆新型自行车。在第一次创造阶段，设计师首先会在大脑中构思出创新的自行车设计方案，并将其细致地画在纸上或用计算机软件进行建模。此外，设计师还需要为新型自行车设定KR，如提高行驶速度、降低重量或

提高舒适度等。第二次创造阶段就是将设计变为现实。根据
设计图纸，制造商会生产出原型自行车，并进行实际测试。
在此过程中，可能会发现一些问题或可以优化的地方。设计
师和制造商需要针对这些反馈信息不断调整，直至产品达到
预期目标。在经过多次迭代后，最终将得到一款成功的新型
自行车。

　　总的来说，想象变为现实的过程包含两个关键阶段：一
是将脑中的构思转化为明确的书面表达，二是通过实践与反
馈逐步接近成功。只有经历包括这两个阶段的完整创造过程，
我们才能将一个抽象的想法最终实现并转化为现实世界中的
有形成果。

三、第一次创造——利用预想

　　预想到底是什么呢？它其实就是我们运用想象力在大脑
中创造未来场景的能力，这是人类独有的一种特质。

　　预想是人们日常生活中的一种普通现象，并不神秘。例
如，准备晚餐时，你可能会在脑海中想象家人享用美食的场
景，这就是预想的过程。再举个例子，当你驾车去上班、回
家或去其他地方时，看到一个带有"危险"字样和曲线符号
的标志，你就会设想可能遇到的情况，这也是一种预想行为。

　　预想的最佳时刻是产生 α 脑电波的状态时，如入睡前或
清晨醒来后。在这种状态下，你可以在心里反复排练和练习
自己的预想。预想不仅应该符合逻辑，还要充满情感。要设

想自己希望得到怎样的感受以及期待获得怎样的未来。经过足够的时间积累，最后的现实往往会与你的预想非常接近，这就是预想的力量，也是我们制定目标（OKR）的原因。

总之，预想是我们构想未来的重要工具。通过利用预想，构思理想的事业、家庭、人际关系和健康状况，我们就更有可能实现心中所想。只要在大脑中完成第一次创造，就能引导现实朝着预想的方向发展。

1. 当心，坏比好强大

人类的大脑对坏事更敏感。例如，一个人看到了一棵果树，树上结满了又大又红的果子，这是好事；同时，他发现了卧在树下的狮子，这是坏事。狮子的威胁一定比果子的诱惑更大，即"坏比好强大"。

身处互联网世界，地球另一端的坏消息瞬间就可以到达你我的身边，我们每天会听到很多的坏消息，而我们的大脑却没能进化得那么快，它仍然遵循"坏比好强大"的底层逻辑，对坏事更敏感。于是，你觉得这个世界变差了，不像以前那样美好，你对世界的感知发生了偏差，很多人的抑郁情绪也因此而来。

心理学家近期的研究表明：五件好事才能抵消一件坏事对人的心理造成的影响。因此，坏消息更容易给我们带来冲击和限制，这不是外部的限制而是内心的限制。

为了打破这种限制，我们需要更多地尝试积极的预想。

2. 相信（动词）、相信（名词）的力量

有两种思维会影响预想的效果，即固定型思维和成长型思维。

所谓固定型思维，就是在已知的资源里找答案。成长型思维则不同，它需要有憧憬、有一个有意义的目标，这时你并不需要知道该怎么做，只是宣布意义，然后打开意识，使之变成一种寻找方法的旅行。这是一种心态，也是一种思维方式。

当你意识到"网状激活系统"的存在，也相信大脑的操作系统，你就真正地理解了"相信、相信的力量"。有人说这是"洗脑"，当你这样想的时候，你就降低了使用预想进行联结的能力。这个宇宙中存在很多人类看不到的信息和能量，当你树立了一个大目标，你就需要用成长型思维去创造，把一切当作学习的机会，这是一个旅行的过程。

3. OKR 需要成长型思维

很多团队和个人都在写 OKR，但如果撰写的人自己都不相信那个目标（O），那么无异于将大楼建在沙子上。

为什么员工在定年度 KPI 时那么拧巴？因为 KPI 是固定型思维，是在已知的资源里寻找答案，这样就很难看到新的资源、新的方法和新的机会。

只有改变思维方式，用成长型思维寻找新的方法，OKR

才有可能是活的，企业才有可能实现十倍增长。相反，如果写出来的 OKR 是没有经过预想的，就没有心流、没有力量。

四、第二次创造——知行合一

如果你只是在大脑中预想，却因为怕犯错而一直不付诸实践，则难以将想象变为现实。下面讲到的"七步法"可以帮助你实现知行合一。

1. 反思

生活中难免出现不顺心的事情，但大多数人并不会花时间去思考背后的原因，如"我为什么对工作不满意""为什么与某些朋友相处让我不舒服""为什么我不喜欢现在居住的地方"……但要认真对待个人成长，就必须认真思考这些问题，因为这些问题所蕴含的信息极具启发性，甚至会影响我们未来的人生轨迹。也就是说，对于自己人生的前进方向，需要有清晰的规划和想法。如果对这些问题不加以认真考虑并做出选择，最终可能会发现自己走到了一个完全出乎意料的地方，这就是为什么有些人走着走着才突然发现"这不是我想要的生活"。

要关注自己的意识和思考，通过深入了解自己的需求和期望，逐步找到生活中不完美之处并加以改进。

2. 检查

要有意识地做深层的检查："我在工作方面怎么了""我生活的方向怎么了""我去年怎么会这么过"……认真做检查，透过表面现象做深层分析，这也许需要你花上 1 天、3 天、5 天的时间来回顾和思考你写的笔记，再往下一层分析。

这种自我检查是需要很大的勇气的，如果你害怕对自己的婚姻、人际关系或者不喜欢的状况做深层分析，怎么能改变？怎么能够纠正？

3. 探索

探索就是使用你的预想、你的想象。例如，"如果我完全不工作会怎么样""如果我非常富有会怎么样""如果我很穷会怎么样"……让你的想象继续帮你探索，看看自己会有怎样的感觉，看看想象中的"如果"会是怎样的情况，但这不意味着你必须按照想象的那样去做。有些人之所以限制自己去想象这样的问题，是因为他们害怕反馈，总是逃避问题，但探索不一定意味着马上要去做，只是让自己去感受探索带来的惊喜。

4. 体验

通过亲自体验不同的生活，我们可以更好地了解自己的喜好，在做重要决策前积累有价值的信息。

假设你对农场生活充满向往，期待与各种各样的动物共处，享受宁静的田园时光。在购买农场之前，可以先亲身体验一次，实地感受一下农场生活。当你需要在寒风刺骨的冬日早早起床，走进气味堪忧的牛棚挤牛奶，而奶牛等待不及，烦躁地甩着尾巴，甚至甩到你的脸上，还将装着牛奶的桶踢翻，弄得你狼狈不堪时，你就会发现现实远非你所想象的那般美好。这时，你会庆幸自己并未真正购买农场。当然，你也可能会发现自己完全不在意这些琐事，仍然喜欢这种简单的生活。

总之，体验就是要将自己置身其中，收集以前没有了解过的信息，为做出决定做好准备。

5. 做决定

通过体验，我们收集到了足够的信息，可以决定是继续往前走还是放弃，当然也可以选择继续收集更多的信息。

谨记，不要为难自己，不要太快地跳到做决定这一步，因为你还没有花时间了解情况，总之，大事上不要着急，可以慢一点。

6. 慎重承诺

从意识到做出承诺不可能一蹴而就，但很多人会这么做，如有些人意识到自己的婚姻不幸福时立即选择结束婚姻，然而遇到心仪的人时再次轻易地做出了承诺，结果往往又是一次失败的婚姻；在工作中，有些人稍有不顺利就辞职了，结果往往难以找到其他工作。做出承诺是耗费时间和精力的事情，要建立在充分了解情况、慎重考虑利弊等的基础上。

7. 放下

放下也许并不是一个有意识的决定，放下过去的朋友可能只是因为你发现自己与他们在一起的时间少了，放下过去的爱好也许只是因为你能耗费在这些爱好上的时间和精力少了……这是一个自然的过程。放下意味着你现在的生活已经被你要做的事情填满了，那些你不想做的事情被挤掉了。

人生就是去创造、经历，在非我中，成为我。

第三节 觉 察

如果我没有走进内在世界，我就会一事无成。

——（美）沃尔什《与神对话》

一、"元认知"是你的第三只眼

由于我们对世界的看法受自身经历的限制，因此如果我们不改变自己的思维方式，生活将一成不变。

如果想得到更大的收获，我们就必须解放自己的大脑，这样才可能看到新的东西。

1. 提升元认知

周岭在《认知觉醒》一书里介绍了一些关于"元认知"

的知识。"元"在汉语中有"头、首、始、大"等含义，即最高级别的，如国家的最高领导人称为国家元首。同理，"元认知"就是指最高级别的认知，它能使人对自身的思考过程进行认知和理解（见图 2-7）

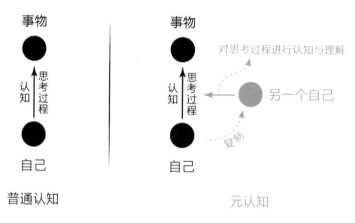

图 2-7　元认知[1]

如果把人的思维比作一把锤子，那么它不但能钉钉子，还能复制出另一把锤子来锤打自己。只要方法正确、时常修正，那么这把锤子就会进化成更高级的工具。

普通人通常只在遇到问题时才被迫启用元认知，如在遭遇指责、批评时才不得已去反思和纠正自己的问题或行为。当一个人能主动掌控元认知，做到持续反观自己的思维和行为时，就意味着他真正开始觉醒了，具有了快速成长的可能。

"觉察"是元认知的起点。当你开始觉察自己的思考时，神奇的事情就会发生：你能意识到自己在想什么，进而意识

① 周岭. 认知觉醒 [M]. 北京：人民邮电出版社，2020.

到自己的想法是否明智，再进一步就是纠正那些不明智的想法，最终做出更好的选择。

2. 元认知的 5 个维度

元认知的 5 个维度如图 2-8 所示。

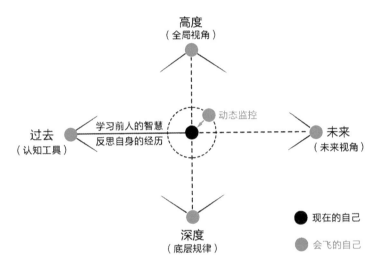

图 2-8　元认知的 5 个维度

提升元认知能力的工具需要从"过去"端获取，包括学习前人的智慧和反思自身的经历，其中自身的经历是一种独特的财富。元认知能力总能让你站在"高处"（高度）俯瞰全局，不会让你一头扎进生活的细枝末节，迷失其中。启用"心流密码"，让它时刻指引你，就像电脑系统里的杀毒软件，"动态监控"你的每一次操作，一旦发现"可疑文件"就立即发出警报。它可以在人生旅途中为你导航，让你主动去做那些更重要而不是更有趣的事情。加深元认知能力的方法有很多，如冥想。监控自己的注意力，然后将其集中到自己需要关注的地方。

反馈是这个世界的进化机制。有反馈并形成回路，可能使任何系统开始自我进化，无论机械设计还是软件系统，都是如此。而元认知正是人类认知能力的反馈回路，有了它，我们才可能进入快速进化的通道。

二、动机是你的动力源泉

《与神对话》的作者沃尔什在书中写道："人类所有的想法和行为，不是出于爱，便是出于怕。'怕'遵循的是最低标准，'爱'遵循的是最高标准。"当我们开启了自己的元认知，就可以觉察到内心的动机。积极心理学中把动机分为建设性动机（出于爱）和强迫性动机（出于怕）。建设性动机源于内心，它体现了主动和负责任的态度，我们会用"我选择""我喜欢""我热爱"或"这是我的主意"等表达这种动机。相反，强迫性动机源自外部施加的压力，我们常用"我不得不……否则"来描述这种动机。

在生活中，很多人总抱怨自己面临太多不得不做的事情，不得不工作、不得不结婚、不得不生孩子、不得不为养老做准备……当我们觉得自己不得不做某件事时，内心就可能产生抗拒的情绪，行为上就表现出推诿和拖延。在这种情况下，我们将以最低标准完成这些"任务"，这是一种效率极低的状态。

但实际上，除了死亡，我们没有真正不得不做的事情。我们并不是"不得不"上班，只要我们愿意承担不上班的后果；我们不是"不得不"结婚，只要我们能接受不结婚的后果；我们不是"不得不"生孩子，只要我们能接受没有孩子的后果……人生中的所有"不得不"，其实都源于我们自己的选择。

当你意识到一切都关乎你的选择，并没有真正的"不得不"，心情就会变得平静，就可以尝试将强迫性动机转化为建设性动机，把所谓的"不得不……否则"变成"我选择""我喜欢""我热爱""这是我的主意"，这种动机的转变会彻底改变你感知和看待世界的方式。

1. 创造性回避

当你强迫自己，内心有"不得不"的感觉时，往往会出现"创造性回避"行为。举个例子，我初中的时候英语不好，每天晚上写作业的顺序都是先写数学再写语文，英语被排在最后。前两科写完，时间已经比较晚了，第二天还要上学，于是我就随便糊弄一下英语作业就上床睡觉了。这就是当时我对不得不做英语作业而产生的创造性回避行为。

在实际工作和生活中，当一件难度很大但又特别重要的事情摆在我们面前时，我们总是会找出各种理由，把自己安排得很忙，先做其他的事情，尽可能把这件事往后拖，这也是一种创造性回避。

之所以会产生创造性回避，是因为你感知到要做的事情超出了你的"舒适区"，可能会让你难堪、没面子，可能会失败。当你感知到这些的时候，你的创造性潜意识会让你相信"我是因为太忙了，才把这件事放在了最后"，这是对自我心智健康的一种保护机制，往往很难被觉察到。

当你能觉察到自己在回避什么，那么你就找到了助力成功最大的杠杆。

2. OKR 与动机

在企业内部推行 OKR 是可以觉察到员工的动机的。如果是强迫性动机，即属于"不得不"的情况，那得到的就是KPI；如果是建设性动机，即"我的 OKR 我做主"，那么就有可能真正实现 OKR 的落地。

OKR 只有和人的内在动机链接起来才能发挥人的主观能动性。如果企业的动机是限制性和强迫性的，结果就是所有人都很累。只有激发团队的建设性动机，并唤醒人的创造性思维，团队才能不断进步。

三、舒适区是你的牢笼

所谓"舒适区"，就是在这个区域里，你不会产生压力和紧张情绪，可以放松地展示自己。但是，一味地留恋舒适区也可能对自身的成长造成阻碍，阻止我们对自身潜力的挖掘。难点在于，很多时候，我们甚至并没有意识到自己正被舒适区所束缚。

人们总是倾向于寻求熟悉的东西，如熟悉的语言、环境和群体等。一旦发现自己跨入了不熟悉的领域，就会心生恐惧，并设法回到原来熟悉的区域。比如我们在朋友面前可以放松地侃侃而谈，在公共场合发言时却变得支支吾吾，甚至出现声音颤抖、肌肉绷紧等现象。这种时候，我们往往会自责，觉得"我太笨了""我做不到"，同时迫切希望回到熟悉的环境中。然而，跳出舒适区后往往容易犯错也许并非因为能力不足，而是由于紧张情绪影响了能力的发挥。

每当遇到这样的情况，我们需要问问自己："究竟是什么在限制我呢？"舒适区虽然让人感觉轻松、愉快，但它有时也是一座牢笼，会阻碍我们的成长与进步。因为真正重要的不是在熟悉的环境中能做得多好，而是在面对新挑战时能达到多高的水平。

跳出舒适区需要我们思考一些问题：舒适区内的哪些部分保护了我的安全？哪些部分阻碍了我的前进？如何分辨两者的差别？这些问题的结果可以帮我们找到阻碍自身前进的部分，合理地跳出舒适区。

对于舒适区中阻碍自身前进的部分，可以采取以下两个方法。

第一，以过去的成功经历建立信念（信念调节绩效）。以我自己为例，在讲课之前，我会在大脑中将此前在大型会场讲课的场景调取出来，回忆一遍，这样会让我更放松，调整好状态。

第二，描绘脑海中未来的图像，越清晰越好（关于这一点，后文会详细介绍）。

四、"内在对话"产生信念

信念对于每个人来说都至关重要，如同潜意识里的指南针，引导着我们的行动和感知。信念既可能让我们拥有无尽的力量，也可能成为束缚我们的枷锁。那么，信念究竟是如何形成的呢？

在探讨信念的形成过程之前，我们需要了解一下思维的构造——语言、图像和情感，三者共同构建出我们内心世界的"内在对话"。

现实生活中，我们不断地通过对外部事物的观察和体验接收各种信息。首先，我们通过语言来理解这些信息；然后，我们在大脑中产生了与之相关的图像；最后，我们将情感赋予这些图像，而这些积累起来的情感将主导我们的行为。

例如，当我们听到或看到关于"鬼魂"的内容时，大脑首先会进行语言层面的理解；接着，我们可能会想到看过的恐怖片中的画面；最后，这些画面会触发我们的情感反应，即恐惧。当这样的"内在对话"完成之后，我们就可能因此产生一系列的行为改变，如不敢一个人待在家里或走夜路。

内心深处的信念对于我们的感知有着重要的影响，它们会潜移默化地改变我们的行为和决策。因此，了解信念是如何形成的至关重要，可以让我们更好地引导自己的生活。

每当我们用"内在对话"描述事物时，我们的潜意识就会接受这种描述，即使它可能并非真相。我们观察到的只是事物的影子，但很容易误以为那就是真相。我们通过内在对话向自己解释周围的世界以及它是如何运作的，我们把这种解释称为"事实"。然后，这些所谓的事实构成了我们的现实，并进一步调节着我们在外部环境中的表现。

一旦建立了某种信念，我们就会调整自己的行为，按照我们所认定的自己以及自己该达到的水平去行动。要搭建这种信念，首先需要改变内在对话，尽管这可能无法立即影响周围的外部世界，但是掌握了调整内在对话的技巧，便能够抵挡住他人的负面评价。我们不能让错误的信念影响自己的生活，因为来自内心的影响远超外部环境。

我曾在繁忙的街道上目睹了这样一个场景：一位母亲生气地冲着身后一个大概10岁的女孩吼道："别跟着我，你想干什么就干什么！你不是我的女儿！"说完就冲过马路，把女孩留在了马路对面。我相信这个女孩会在很长一段时间内甚至在一生中反复回忆这件事，母亲的话会不断地将她牵回当时痛苦的状态，反复体验被限制和伤害的经历，一次又一次地重塑对自我形象的认定。这种消极的内在对话将降低这个女孩的自我形象，进而影响其外在表现，如产生自我讽刺、贬低和轻视等。

我们可以通过撰写"心流密码"的方法，有意识地为自己植入新的信念，利用大脑的思维规律，以特定的方式陈述目标，从而让潜意识接受所植入的信念并付诸实践。

1. "内在对话"建造了你的世界

几年前，我在褒禅寺小住，见行禅房间的走廊上贴着一幅字："注意话头"。所谓"话头"，就是念头，与积极心理学的"内在对话"意思相近。由于内在信念决定了外在的行为和绩效，所以需要在源头上下功夫，也就是在内在对话上下功夫。

内在对话有正面的，也有负面的。

所谓负面的内在对话，就是每当事情不顺利的时候，总是沉浸在负面情绪里，不断地质疑自己，特别在意别人的看法，总是想从别人那里得到认可……

所谓正面的内在对话，就是不会将别人对自己的评价视为自己的内在对话，除非自己对这一评价是认可的。当你做成一件事的时候，可以对自己说："这是我，我就是这样。"这样在一次次做对的同时，你的自尊和信心将渐渐获得提升。

2. 为自己的世界"降熵"

积极心理学之父、心流理论创始人米哈里·契克森米哈赖借用熵来比喻一个人内心的秩序并将其称为"精神熵"。人们大脑中的念头就像分子一样，在不停地运动。虽然你能意识到的念头只有几个，但潜意识里的念头会相互冲突，争夺你的注意力，抢占大脑的控制权，这将导致大脑中各个念头之间没有束缚和联系，精神熵值非常高。

当内心的熵值升高时，你能否察觉到？当外界信息不断轰击你的内心秩序结构时，你是否能够快速重新排序？将注意力快速集中在当前任务上，让所有心理能量都往同一个方向汇集，屏蔽与任务无关的念头，对世界的意识、自我感知和得失计算等都会消失得无影无踪。你并不只有一个念头，你的大脑仍然在高速运转，但所有念头都非常规律、有秩序，就像一支井井有条、纪律严明的军队。这样就进入了心流状态，此时你的精神熵值非常低，大脑就像一个有序的晶体，充满能量。我把它称为"化繁为简、舍九取一"的状态。

米哈里通过多年社会调查，发现心流体验更多地出现在工作时（54%），远高于休闲时（18%），于是他提出"个人可以通过'明确目标'、'即时反馈'和'难度匹配'三个原则来改造一些任务，产生更多的心流体验"。

当经过刻意练习，能够合理设定OKR（目标与关键结果）并符合以上三个原则，则OKR会成为一把"刀"，你可以像庖丁解牛一样进入心流状态，轻松解决工作和生活中的各种难题。

此处小结一下：行动中的反馈是激活觉察的药引。我唤醒了元认知，从此具备了从第三视角观察自我的能力。感知内心深处的冲动与回避，探寻将我困在舒适区内的源头：内在对话。随后我开始学着正面地与自我对话，为内心降熵，去追求和享受心流状态。

第四节　专　　注

不久之前，你茫然地度日，仿佛你的生活没有目标。如今你
认识到生活确实没有目标，除非你给它一个。

——（美）沃尔什《与神对话》

一、先有目标，后有感知

一天，我坐在开往浦西的汽车上，无意间听到广播电台
中介绍的一个关于树立目标的小游戏：在路上寻找一个含有
特定数字的车牌。这听上去有些幼稚，但当时车速不快，我
刚好也没事做，索性就尝试一下。我开始寻找含有"M4"的
车牌，感觉自己的眼力一下子变得好了很多，临近目的地时，
终于找到了含有"M4"的车牌。

第二天，我们一家三口打车去另一个地方，路上，我又
想起了昨天的那个游戏，于是对坐在后排的儿子说道："咱俩
玩个小游戏吧……"

他听我讲述完游戏规则后略显不屑地说道："听上去有些
无聊。"

"我们可以打个赌，如果你找到带有'M4'的车牌，我
给你 100 元，怎么样？"我抛下了诱饵。

"好呀，你可别反悔。"儿子凑到我的座椅椅背上，笑着

说道。

找了 10 分钟后，儿子显得有点不耐烦了，嘟囔着："能不能换个简单点的？根本就没有带'M4'的车牌。"

"你想换什么？"我问道。

"车牌里有数字 8 的。"他说着不好意思地笑了笑。

"那太简单了，好多车牌里都有数字 8 呢！这个游戏就没意思了。"

"那 M 和 4 不连在一起可以吗？"儿子见我不同意，开始讨价还价。

"可以，我昨天就看到一辆呢，肯定有的！你要仔细找。"为了给他打气，我说道。

"那顺序颠倒也可以吧？"他继续试探我的底线（就像公司里上下级在定目标时的博弈状态）。

"也可以，不过奖励就不是 100 元了，最多 50 元。"

又过了 10 分钟，儿子的注意力开始分散，和他妈妈聊起了其他话题，而我还在专注地寻找着带"M4"的车牌。有了清晰的目标，我的目光变得更敏锐，一眼扫过去就滤过了很多无用的信息。

眼见目的地快到了，我有些沮丧，心想也许真的没有带"M4"的车牌了，但我没有让这个一闪而过的念头分散自己的注意力，"一定有的！"我这样和自己对话，并迅速调整回专注的状态。

终于，在一个路口左转弯时，我看到一辆车牌带有

"M4"的车在等红灯，于是欣喜地指着那辆车冲儿子喊道："快看，快看！"

儿子凑到窗边，嘴里嘟囔着："还真的有呀。"

虽然只是完成了一件微不足道的小事，但我的内心竟涌出一种达成目标后的喜悦。

只要有清晰而有意义的目标，就能调动人的敏锐感知，目标终会达成。这就是专注的力量。

当没有目标时，我们会觉得日子一直在重复，一直在用习惯生活，这就是一种无意识有效状态。

如何变"无意识有效"为"有意识有效"？最有效的方法是：设定新目标。这个目标不一定要是工作方面的目标，也可以是生活方面的，如爱好、健康、成长、社交等方面的目标，让自己的每一天都不一样，创造一种新鲜的生活方式。

二、人会移向最清晰的图像

心理学领域有一个叫作格式塔的理论，该理论认为，人们的内心渴望维持一种秩序，当生活中出现混乱时，人们便会自发地调动能量去恢复原有的秩序。

设立目标实际上就是在打破既有的秩序，从而激励自己寻求变革和进步。当我们对现状不满时，便会催生创造力与新奇的想法。因此，在生活中，我们需要学会主动制造挑战，以实现更好的自我。

设立目标后，我们要通过明确目标，逐步找到解决方案，这就像 OKR 方法，即设立一个大目标（O）后，不断尝试并实现关键结果（KR）。

另外，视觉想象法在实现目标的过程中也具有促进作用。如果设定新目标时仍然受限于旧的思维和观念，我们就会被原有的秩序所束缚，这时大脑会不自觉地找到各种理由证明我们无法实现新目标。而如果我们能够使用视觉想象法在脑海中清晰地描绘新目标，并且真正相信它是可实现的，那么我们就能找到出一系列实现该目标的方法。

例如，你准备重新装修厨房，那就先在脑海中构建新厨房建成后的画面，想象自己在新厨房中烹饪美食的场景，这样你就会明确哪些东西是你想要的、哪些东西是你不需要的，装修的思路就会非常清晰，不会产生返工等麻烦。

根据格式塔理论，每个人都在努力调整外部环境以符合自己内心的期望，这既是能量的来源，也是冲突的根源（企业领导和员工针对目标构建的图像不一致）。正如管理大师德鲁克所言："如果知识工作者追寻的目标不是他的目标，而是被迫的，被经理或公司压下来的，他就不会产生真正的绩效。"

心理学在解释组织问题方面具有重要作用。许多企业强调使命、愿景、价值观，意在构建优秀的组织文化（类似个体潜意识），使组织保持同频、并进、团结一致。

憧憬与"画饼"之间存在区别。憧憬是为未来赋予意义，

"画饼"则仅仅是向他人描述未来的意义，两者的关键区别在于：是否真心相信并践行愿景。

只有真心地相信自己的憧憬，并通过实际行动将之变为现实，才能在追求愿景的过程中感受到澎湃的力量，最终实现目标。

三、改变的钥匙——心流密码

"心流密码"是通过一种特殊的叙事方式，在潜意识里植入新的信念、图像。

2013 年，我因长时间使用电脑得了"鼠标手"（腕管综合征），左腿也因久坐而产生神经性疼痛，甚至影响了走路，每天都很难受，因此想通过跑步来改善这一状况。

虽然当时的我刚刚 30 岁出头儿，还很年轻，但因为一直很少运动，没有养成运动的习惯，所以一开始总是找各种借口偷懒："下雨了，今天不跑了""今天加班太累了，不跑了""今天身体不舒服，不跑了"……后来，我意识到运动这件事对我的身体健康来说很重要，于是为了让自己坚持下去，我试了很多方法，其中最有效的就是撰写"心流密码"，即把我对自己的期望写下来："我坚持每天慢跑会变得健康、强壮、精力充沛。"每次看到自己写下的这句话，我的脑海中都会产生很清晰的画面：微风拂面，我精力充沛地在公园里慢跑……

后来，我买了一双舒服的跑鞋，搬到了一个环境适合跑步的小区，将跑步的难度降到适合自己的水平，有时早上跑，有时晚上跑。就这样，渐渐地，我变成了一个爱运动的人，身体的不适慢慢都好了。坚持跑步两年后，我甚至完成了半程马拉松比赛。

一开始，虽然我知道运动很重要，也树立了这方面的目标，但潜意识里的旧态度和旧习惯让我觉得跑步很难受，总是找借口不跑，后来通过撰写"心流密码"，我改变了对跑步的态度，潜意识里觉得跑步成了一种享受，慢慢地形成了新的习惯。

当了解了大脑的操作系统，我们就可以找到控制它的密码，撰写自己的"心流密码"。"心流密码"的撰写应遵循以下9个原则。

（1）第一个字是"我"，因为这个密码只对你自己有效，对别人不具有效力。

（2）描述的是正向的、你想要的，而不是你不想要的（类似于心理学领域的白熊理论，你越告诉自己不要去想白熊，白熊的形象就越会在你的头脑中时隐时现）。

（3）将目标描述成正在发生或已经完成的状态（例如，大楼已经盖好、合同已经签署、项目已经验收等，当你把未来目标描述成正在发生或已经完成的，而现实还没发生或完成，你就会有充足的动力去实现目标）。

（4）表示成就时，不要用"能""将""要""想""应该"等字词，这些字词仅代表你有实现目标的能力，并不意味着你能做到，可表述为"我有……""我是……""我会……"等。

（5）不比较，即不和别人比较。

（6）包含动态词和情感词（即描述动作、行为和情感的词语，因为内在对话通过语言、图像、情感三个维度植入信念）。

（7）目标必须是确切的、实际的（脑海中关于目标的画面越清晰越好，切忌不切实际）。

（8）保持平衡（人生是丰富的，不能只专注在工作上）。

（9）个人的心流密码需要保密；工作中需要协同的则以OKR 的方式公开。

心流密码的撰写是需要练习的，不是写一遍就能写好，需要不断修改、推敲和琢磨。当你阅读心流密码时，应能感觉到心中有某种能量在流动。

所有有意义且持久的变化都先从内心开始，再由内向外地发展。

鸡蛋从外面打开就是一道菜，从里面打开才是生命。

四、在地平线后，预见自己的未来

导弹一旦瞄准目标发射，便会紧随其后，即使目标改变移动轨迹，也能精准击中，这是因为其内部配置有精密的导航系统，可以测度自身与目标之间的距离和角度等，做到实时调整。它不像箭矢那样径直飞向目标，而是具有很高的灵活性和准确性。

同理，在人生旅途中，我们不仅需要设立明确的目标，还需要定期或适时修正，否则可能陷入不断重复过去的循环模式，丧失人生的主导权。正如击中目标的导弹将失去推动力和存在意义，达成目标后就满足于现状也会让人失去动力和创造力。例如，许多人顺利进入向往的工作单位后就逐渐懈怠下来，不仅限制了自我的成长，还阻碍了组织的发展。对于创业者和学生来说也是这样，如果目标只是开一家公司或考上大学，而没有进一步的打算，结局很可能是公司倒闭或毕业后茫然无措。

因此，要不断调整目标或设立新的目标，时刻提醒自己"地平线后面还有地平线"，着眼于现实，在心中构建更广阔、更美好的未来。

组织—协同飞轮

"组织—协同飞轮"是聚焦组织目标（追求集体心流），提高个体与组织之间协同效率的操作系统（见图3-1）。它倡导"有统一目标、统一信念，但不要统一思想，在思想自由、创意自由和目标一致之间找到最优解"。

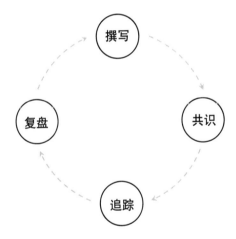

图 3-1　组织—协同飞轮

每个周期，团队共创目标并公开发布 OKR，以新的方式召开"共识会"、"追踪会"、"复盘会"和"一对一面谈"，采用数字化工具减少信息差，形成肌肉记忆后，逐渐形成统一的组织文化，每个执行周期都是一次组织效能提升的闭环。

第一节　目标聚焦

目标管理的艺术在于能够从看似同样重要的选择中选择一个或两个能充分发挥杠杆作用的事，并能让你专注于此。

——约翰·杜尔《这就是 OKR》

一、战略共谋

作为一家企业，在推动组织—协同飞轮转动之前，首先要做好战略共谋。战略共谋是指"一号位"与"减一层"（高管）一起讨论并制定公司整体战略。"减一层"参与战略讨论，提出自己的想法，"一号位"在整合所有建议后对最终战略进行拍板。

国内许多初创企业的"一号位"喜欢自己拍板，原因是觉得团队成员的深度思考不够，与他们达成战略共识属于浪费时间。久而久之，团队成员不再主动思考，沦为"工具人"，而"一号位"也渐渐变成了发号施令的孤家寡人。对一个团队而言，这种局面很危险，每个人都在无谓地耗费精力，这将导致企业很难应对外部的变化和挑战。

那么如何完成战略共谋呢？除了"一号位"必须具备一

定的领导力，还必须遵循一定的流程和步骤。

首先，"一号位"和"减一层"要对上一个阶段的工作进行复盘，复盘的结论可以作为战略共识会的会前材料。接下来是召开战略共识会，在充分交换信息后形成战略初稿（可用 OKR 的形式表述）。

同时，通过战略共谋，可以判断出高管在战略方面的段位，以下是对 1—7 层段位高管的行为描述。

（1）认为战略与"我"无关，不参加战略讨论（或身在而心不在），对战略信息视而不见。

（2）认为战略与"我"有关，愿意参加战略讨论并尝试理解，但对战略制定无实际贡献。

（3）能够在与战略议题相关的一些关键点提供有效信息。

（4）能够基于对行业的理解输出见解，并有贡献于战略。

（5）能够与其他高管进行深入讨论，在某些关键点上达成共识。

（6）能够主导战略讨论或某些专题讨论，整合信息。

（7）能引入讨论框架模型，提升高管团队的战略共谋能力。

二、"一号位"与"减一层"复盘

季度复盘内容如表 3-1 所示。

表 3-1　季度复盘内容

内　　容	描　　述
季度工作概述	① 季度工作整体目标的完成情况； ② 哪些完成了、哪些没有完成，完成的进度如何
经验总结	① 对季度目标进行拆解和梳理； ② 对季度目标完成情况进行拆解和梳理（重点工作）； ③ 完成的部分有哪些亮点； ④ 导致部分工作未完成的主要原因有哪些、是否可以做得更好； ⑤ 沉淀了哪些方法和经验； ⑥ 对公司有哪些建议或意见
分析和思考	对下一季度目标和策略的思考，包括： ① 对外部环境（机会和威胁）的分析、总结； ② 对外部标杆的研究、总结； ③ 对内部能力（优势和劣势）的分析、总结； ④ 公司目标和战略对本职能的要求； ⑤ 其他职能对本职能的要求； ⑥ 本职能的目标和策略是什么
工作计划	下一季度的工作目标和计划（在辅导企业复盘的过程中，我发现有一些高管确实是有真知灼见的，作为一个以外部视角观察的顾问，我能够更客观地记录和评判所有人的表现，并反馈给"一号位"）

三、战略共识会

一套有效的目标设定系统始于企业高层管理人员的严谨思考，作为领导者，高层管理人员需要投入时间和精力去选择重要的事情。

战略共识会由"一号位"和"减一层"参加，用 1 ～ 3 天的时间，在教练的引导下，遵循"先发散、后收敛"的流程，对企业进行全方位的深度分析。可使用的主要工具包括德鲁克经典七问、科学创业闯七关、华为 BLM 模型[①]、平衡记分卡"树"等。

（1）德鲁克经典七问，用于确定企业的宗旨和使命。具体包括：① 谁是顾客？② 顾客在哪里？③ 顾客购买什么？④ 企业给顾客带来的价值是什么？⑤ 企业的业务是什么？⑥ 企业将来的业务是什么？⑦ 企业的业务应该是什么？

（2）科学创业闯七关，用于公司年度 OKR 聚焦突破。具体包括：① 定方向，即赛道和品类的选择；② 创模式，即验证效率最高的商业模式；③ 搭班子，即选对合伙人、分对股权；④ 做产品，即验证用户价值和市场竞争力；⑤ 树品牌，即找准品牌定位并植入用户心智；⑥ 促增长，即验证增长路径和增长引擎；⑦ 带团队，即验证组织模式和有效工作方法。

（3）华为 BLM 模型，用于战略和组织拆解 OKR。

（4）平衡记分卡"树"，可在企业 / 部门进行年度 OKR 拆解时作为参考。平衡记分卡"树"的描述如下：① 树叶：财务（提高利润、扩大营收、减少成本）；② 树枝：客户（提高前端 / 售后满意度、市场份额）；③ 树干：产品、流程（创新产品、交叉销售、优化渠道、敏捷服务）；④ 树根：学习、人才（提高员工生产率、补足技能、校准个人目标）。

[①] Business Leadership Model，业务领先模型。

第二节 透明协同

一、撰写

关注所有事项的结果和一件都不关注的结果是一样的。

——约翰·杜尔《这就是 OKR》

1. 目标从哪里来

组织的目标从哪里来？肯定来自"一号位"（或高层战略
共谋），"一号位"（或高层战略共谋）根据组织的使命、愿景
和战略推导出目标（见图3-2）。

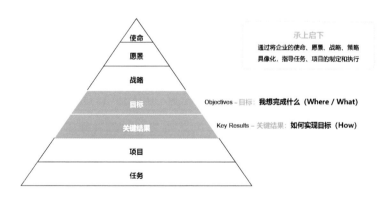

图 3-2 目标的来源

"一号位"（或高层战略共谋）需要以身作则，公开自己
设立的目标，每个员工也都要设立自己的目标，只有这样，
企业 OKR 才有可能正常运转。

例如，张一鸣在字节跳动发展的过程中举办了很多期"CEO 面对面"活动，他会给员工讲述"我们接下来怎么打、往哪去，为什么要去"以及他的底层思考逻辑。

人的价值是建立在事的意义之上的，当员工理解了战略背后的意义，再去落实自己的工作时就会更有"目标感"。

2. OKR 如何支撑战略落地

图 3-3 是一个标准的组织金字塔模型，包括组织的使命、愿景和战略；目标（O）、关键结果（KR）；项目、任务。

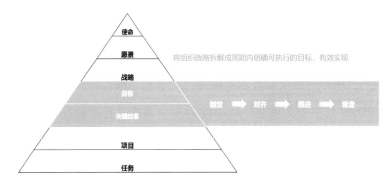

图 3-3　组织金字塔模型

在企业中，员工每天都要处理很多任务，而这些任务看似没有什么关联，比较散乱，但其实它们都在支撑一个个项目。以前没有 OKR，项目可能就直接对接到战略上了。一般来说，战略落地至少需要一年，大多在三年左右，这样就容易形成战略和任务"两张皮"的现象：说一套、做一套，什么事紧急做什么，什么事排在面前就做什么。战略之上就是使命和愿景。使命是什么？使命是企业的终极理想，而愿景是企业五年或十年内要达到的状态。

那么 OKR 位于何处呢？在战略之下、项目之上。有了目标和关键结果（OKR），从战略落地的角度看，就有了抓手，这个抓手就是将战略拆解成一定周期内的明确的可执行的目标，并有效实现。这个过程包括制定、共识（对齐）、追踪（缩进）和复盘四个步骤，涉及共识会、追踪会、复盘会和一对一面谈，我把它们总结为"三会一面"，这四个场景可有效提高组织的协同效率。

3. OKR 的执行流程

OKR 一般以双月或季度为一个周期形成闭环。刚开始执行的时候不要太频繁，以季度为一个周期执行比较好。每个季度的前一到两周是制定和对齐 OKR 环节，整个公司从上到下、从下到上都要制定和对齐 OKR。对齐、发布 OKR 后就进入跟进环节，要以周会或双周会的方式来跟进目标。在一个季度结束后要进行复盘，复盘的结果可作为下一个 OKR 周期的输入内容。OKR 的执行流程如图 3-4 所示。

OKR 的执行流程就像推动一个飞轮，刚开始时最费力，因为它是静止的，一旦转起来了，只要方法得当、持之以恒，飞轮就会越转越快。

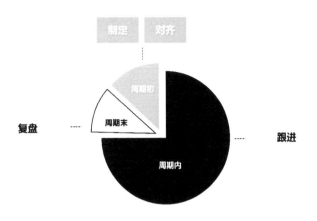

图 3-4 OKR 的执行流程

4. 何谓好的 OKR

一个好的 OKR 应符合以下几个要求：

（1）不仅要说明干什么，还要说清为什么。

（2）不仅要说清为什么，还要说清怎么办。

（3）不仅要说清怎么办，结果还要可衡量。

（4）不仅结果要可衡量，表述也不能有歧义。

为了易于理解，我们以图 3-5 所示的 OKR 拆解案例来说明上述要求。

Objective 1:迭代升级现有产品，服务好内外部客户
KR 1:产品模块1:完成达到产品化质量标准的 B 专项项目，满意度 85%，fatal < 3 ;移动端完成性能优化，加载排名到前三
KR 2:产品模块2:完成登录体系打通和多种登录方式，A 产品支持更多配置字段，100%满足下游需要，下游用户满意度达到90%
KR 3: 产品模块3:完成所有功能80%以上单测，双月总 fatal <20; SaaS版功能全量在上线，用户满意度 85%

图 3-5 OKR 拆解案例

所谓"不仅要说明干什么，还要说清为什么"，在这个 OKR 案例中，"迭代升级现有产品"说明了要干什么，"服务好内外部客户"说清了为什么。只有说明干什么、说清为什么，才能实现内部协同。

所谓"不仅要说清为什么，还要说清怎么办"，就是指多维度、多路径地思考达成目标需要经历哪几个步骤，有哪些路径或方法。图 3-5 所示的 OKR 案例以 3 个 KR 描述了"怎么办"（路径）。

所谓"不仅要说清怎么办，结果还要可衡量"可参考图 3-5 中的 KR 2——"完成登录体系打通和多种登录方式，A 产品支持更多配置字段，100% 满足下游需要，下游用户满意度达到 90%"。可衡量的结果可建立一个反馈的参照点，过程中就可以评估 KR 2 的进展和实现程度，并在复盘时挖掘出更深层次的问题或规律。

所谓"不仅结果要可衡量，表述也不能有歧义"，即 OKR 作为一种对战略的表述，必须清晰、明确，避免沟通双方产生误解，表面达成一致，结果实施下来完全不符合设想。

5. OKR 倒逼思考

以图 3-6 所示案例为参考。制订一个季度的计划时，以前的做法是列待办事项清单（to do list），如"提交用户调研报告""上线 ×× 新功能""举办发布会"等（见图 3-6）。针对这一问题，OKR 使用场景下的思维方式则是首先回答为什么，即"进行 A 产品的商业化探索，产品具备规模化的能力"。这就要求我们学会从表面的 to do list 中探寻本质，归纳出最终要达成的目标是什么，然后再考虑该怎么做，不要在一开始被细枝末节所迷惑。

To Do List

提交用户调研报告
上线××新功能
举办发布会

O：进行A产品的商业化探索，产品具备规模化的能力

KR 1：调研3000名以上用户，输出核心用户画像，为产研提供决策辅助
KR 2：双月内上线XX新功能，WAU提升50%，周留存率提升30%
KR 3：举办两场线上发布会，获取有效客户线索 1000 条

倒逼思考　　理解目标的背景、意义、效果

清晰规划实现路径、里程碑

抬头看路，目光长远

图 3-6　OKR 倒逼思考

在 OKR 场景下，原本简单的"提交用户调研报告"转变为 KR 1——"调研 3000 名以上用户后，输出核心用户画像，为产研提供决策辅助"；"上线新功能"转变为 KR 2——"双月内上线 ×× 新功能，WAU 提升 50%，周留存率提升 30%"；"举办发布会"转变为 KR 3——"举办两场线上发布会，获取有效客户线索 1000 条"（在这里，"举办发布会"只是任务 / 手段，而"获取有效客户线索 1000 条"才是目的）。

OKR 倒逼我们深度思考，不再凭本能或以往经验做事，跳出原有的思维方式，建立一种全新的思维方式。

6. KPI 与 OKR

在一次培训中，大客户的负责人提问："假设 OKR 设定数据要提升 50%，而最终结果可能提升了 60%，也有可能只提升了 20%。复盘时我们应该如何看待？提升 60% 的就一定好吗？"

"一号位"回答："我个人认为 OKR 是一种思维方式，它跟 KPI 有本质上的区别。公司从来没有给大家制定过 KPI，如果从 KPI 的考核角度思考问题，大家就会担心如果没有完成，逐渐要承担多大的责任、领导会怎么评价。一旦陷入这种担忧，就会出于对自身利益的维护做结果更确定的事情或者做起事来有很多的顾虑，无法放开手脚，如此就不利于激发自己的潜能，不利于想象和创造。

"一个公司适不适合采用 OKR，'一号位'是非常关键的。我不会拿 OKR 的达成率去衡量大家的工作结果、产出和工作状态，因为大家定的目标高度不一样，目标定得越高，理论上来讲完成的难度肯定越大，所以我们不是用 OKR 去考核，这不是我们的企业文化，我们希望用 OKR 去创造。"

我作为教练补充道："原有的思维方式不可能实现十倍增长，最多支撑实现一两倍增长，所以要先在思维方式上实现转变，转变思维后，行为才能跟得上。KPI 与 OKR 的使用，需要具体问题具体分析，不能一刀切。"

7. 两个 OKR 的对比

如图 3-7 所示为针对英语水平提升的两个 OKR。

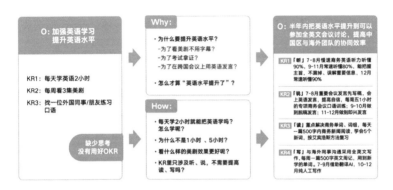

图 3-7　两个 OKR 对比

左侧的相对比较简单，很多人写 OKR 都会写成这样，但这是缺少思考的。首先是没有回答为什么（why），包括为什么要提升英语水平——是为了看美剧不用字幕还是为了考试拿证，抑或是为了在跨国会议上用英语发言？怎样才算英语水平提升了？其次，没有回答怎样（how）这个问题，如每天学 2 个小时就能把英语学好了吗？怎么学呢？为什么不是 1 小时或 5 小时？看什么样的美剧效果更好呢？KR 里只涉及听、说，不需要提高读、写水平吗？

我们再来看看右侧修改后的 OKR：

O：半年内把英语水平提升到可以参加全英文会议讨论，提高中国区与海外团队的协同效率。

KR 1：【听】7—8 月，慢速商务英语听力听懂 90%；9—11 月，常速听懂 80%，能把握主旨，不漏掉、误解重要信息；12 月，常速听懂 90%。

KR 2：【说】7—8 月，重要会发言先写稿，会上英语发言，提高自信，每周五 1 小时的专项商务会议口语训练；9—10 月，做到脱稿发言；11—12 月，做到即兴发言。

KR 3：【读】重点解决商务单词、词组，每天一篇 500 字内商务新闻阅读，学会 5 个新词，按艾宾浩斯方法复习。

KR 4：【写】与海外同事沟通采用全英文写作，每周一篇 500 字英文周记，用到新学的单词；7—9 月，借助翻译 AI；10—12 月，纯人工写作。

8. 拆解 OKR 的要点

看完上面的例子，你可能会有个疑问：每个 KR 的实现路径都可被拆解吗？

我的答案是：不一定。还记得前文介绍过的"三盒理论"吗？如果是属于白盒的，则可以比较轻松地写出 KR 的路径，重点是要执行到位。如果是属于灰盒的，就需要运用精益思维、不断收集反馈实现迭代，把灰盒变成白盒。如果是属于黑盒的，你都不知道它是什么，怎么拆呢？这时就需要运用内心"相信，相信的力量"，先大胆假设，再小心求证。

如果你制定的 OKR 很有挑战性，最开始的 KR 可能拆得不是很精准，要做好结果低于预期的心理准备，只有不断地收集信息，不断地思考，不断地在行动中获得反馈，进行迭代，路径才会越来越清晰，目标终将达成。

二、共识

OKR 可以使组织信息更透明，让组织更有凝聚力，把成员紧紧地连接在一起，但过度的目标协同也可能在组织中产生强迫性，进而给组织成员造成心理层面的伤害。

1. 要共识，先同窗

感知往往是有偏差的，因此人们若只相信自己的感知（认知），就不会产生共识，更不用说合作了。

企业中常常出现这种情况：从领导视角看，项目推不动、没结果，许多事都需要亲自做决策，事必躬亲，身心俱疲；从中层管理者视角看，领导的想法总在变而自己的想法得不到重视，久而久之放弃思考，没有成就感；从基层员工视角看，不清楚公司的发展方向，整日消耗在日常工作中，感觉自身没价值、职业没前景。

出现这种情况，信息不对称引起的认知偏差是主要原因之一。

心理学领域有一个叫作"乔哈里视窗"的模型（见图 3-8），由心理学家乔瑟夫·勒夫和哈里·英汉姆提出。

图 3-8   "乔哈里视窗"模型

该模型把人们感知到的信息划分为以下四个区域：

（1）公开区，即自己知道、他人知道的信息，这就是沟通中的共识区，沟通双方信息完全对称。

（2）盲目区，即自己不知道、他人知道的信息。

（3）隐藏区，即自己知道、他人不知道的信息。

（4）封闭区，即自己不知道、他人不知道的信息，这是双方共同的盲区。

信息不对称的程度越大，盲区的范围越大，越难产生共识。

2. 共识的 3 个场景

在组织中，要达成真正的共识，应该做到三点：彼此看见（通过 @ 呼唤协作）、彼此认同（一对一"勾兑"OKR）、彼此支撑（召开共识会）。

（1）彼此看见（通过 @ 呼唤协作）：实时消息提醒，自动获悉上下文（context）。OKR 是一个数字化工具（以飞书 OKR 为例），有一个 @ 功能，被 @ 的那个人会收到相应信息。例如，CEO 写了一条 OKR，在 KR 3 "加强人才'选'和'用'，使新任岗位匹配度达 90%" 中 @ 了 HRD（见图 3-9）。

O3 加强组织基础能力建设，"稳"定效率

KR1　加强okr工具下沉使用，三率完成率均达90%。

KR2　数据中台建设启动，一期数据提取效率提升100%，▓▓▓▓模型建设完成。

KR3　加强人才"选"和"用"，使新任岗位匹配度达90%　@▓▓▓▓ 需要统计一些基础数据，对新任职同事进行一定追踪。

图 3-9　CEO 的 OKR

HRD 看到后，第一时间修改了自己一季度的 OKR，以向上承接（见图 3-10）。

O1 O1:梳理并构建招聘体系雏形，为建立一套快速、有效的人才选拔机制做准备

KR1　KR1：编制方案并启动"伯乐计划"，完成面试官招募并启动第一阶段面试官培训1-2次

KR2　KR2：梳理所有岗位，现有岗位JD编制达成100%

KR3　KR3：理解业务发展模型，2月底梳理并形成半年度招聘计划，招聘计划达成率不低于85%

KR4　KR4：优化新员工培训与带教、转正考核机制（绩效+述职）并完成新员工及带教人、主管的培训　@▓▓▓▓

图 3-10　HRD 的 OKR

在 OKR 的搭载界面，"每个人"都可以看到"每个人"。

当信息完全透明之后，OKR 就不只是写给自己的了，而是成为介绍自己季度工作的"名片"。

如何制定有效的目标（O）？如何有逻辑地编制关键结果（KR）？当每个人都确保上传的 OKR 清晰和明确时，跨层级的目标牵引就成为可能，快速达成共识也就有了基础。

（2）彼此认同（一对一"勾兑"OKR）。这一步多发生在上下级之间或平行部门间，即通过一对一沟通确认目标。此处的关键在于：双方在沟通时都需要换位思考。例如，"你这个月的 OKR 进展怎么这么慢"，这样的话在职场沟通中经常出现，带有很明显的火药味。说这句话的人有可能是在不了解事实的情况下就对别人做出了判断，或许对方已经完成了 OKR，只是没有反馈在表格上，或许是其他部门出现问题而影响了这个人的进度推进。听到这样的话，对方要么憋一肚子气，要么双发当场发生冲突。

在这种时候，不妨换一下主语，把"你"换成"我"："我可以为推进部门 OKR 做点什么？"如此，原本的指责、批评就变成了并肩战斗。对方听到这句话的时候，会感受到"你"不是在责备"我"，部门 OKR 是所有成员共同的事情。

少说"你"，多说"我"或者"我们"不仅是一种沟通技巧，也反映出一种合作、协同的思维。有意识地训练自己在沟通中尽可能把"你"都转化为"我"或者"我们"，这样，沟通双方更容易从心理层面（不只是嘴上说说）对目标做出承诺。下面以图 3-11 所示案例说明 HRD 如何就 OKR 达成共识。

图 3-11　OKR 对齐案例

O：加速招聘流程，主业务部门完成核心人才引入。

KR 1：进一步丰富招聘渠道，投递量增加 20%。

因为 KR 1 是由团队中的一个成员负责。这时候，有经验的 HRD 会与这个成员一对一沟通，告诉他这个 "O" 的意义和一些背景信息，表明不是要强压给他一个 KR；同时，他可能会反馈一些自己的想法，有时可能和 HRD 的想法并不一致，这时沟通就变得很重要。

管理者在这个环节往往需要保持开放的心态，多听有益的建议。如果对方说服了你，则需要调整 KR。当团队成员越来越多，作为管理者也许就看不到一些细节了，但下属会告诉你，所以理顺团队目标与个人目标的关系就很重要，当个人目标获得团队目标的认可时，你们就完成了对 KR 的对齐，即达成共识。

KR 2：接入视频面试工具，解决线下面试时间难协调的问题。

要达成 KR 2，HRD 还要获得公司 IT 团队的支持，要事先和 IT 部门负责人沟通，他需要知道这个 O 背后的意义和信息。这就是跨部门沟通，可以在公司共识会之前进行沟通，在共识会上确认即可。

（3）彼此支撑（召开共识会）。做到彼此看见、彼此认同后，就可以召开一个相对正式的共识会了。

以公司层面的共识会为例，会议要点包括以下内容。

① 会议目标：确定各部门 OKR 的重要性、挑战性及协同要求。

② 会议作用：以旁观者的视角开展 OKR 头脑风暴；建立有仪式感的承诺;达成团队协作，上下左右对齐;协调资源;信心指数对齐。

③ 参会人员：部门主管成员、总经理、外部教练。

④ 发言时间：每个成员 20 ～ 30 分钟。

⑤ 会议流程。具体包括以下步骤。

❑ 主持人开场（介绍会议议程和要求）。

❑ 与会人员逐个介绍自己的 OKR，包括陈述 OKR 并介绍目标（O）的重要性（对公司的价值）；关键结果（KR）的思考逻辑（KR 的完成是否能支撑 O 的实现）；关键结果（KR）的挑战性（完成的信心如何）、协作要求。

❑ 建议及反馈，包括外部教练的建议（OKR 的撰写）；同事点评、横向部门的回复与承诺；上级领导点评；

是否重要、是否有挑战性及其他。

❑ 主持人总结（修改提交时间）。

在共识会上对齐了 OKR 之后，在后台可以看到整个公司的 OKR 连成了一张网，每个人都可以看到其他人的 OKR，这就实现了目标聚焦和透明协同。

总之，OKR 可以帮我们聚焦、做减法，完成那些最重要、最本质的目标。

三、追踪

如果人们不相信挑战性目标是可以实现的，那么它就真的无法实现。

1. 日常追踪

没有追踪，就不会有结果。日常追踪具有以下三个方面的作用。

（1）推动目标达成。定期公开目标进展有助于鞭策员工达成目标。

（2）及时防范风险。提前发现风险，越早越好。

（3）养成"以终为始"的工作意识，不被繁忙的日常事务牵着走，盯着目标的达成安排工作。

自我如何追踪？首先，养成在 OKR 的备注或 KR 进展记录栏里记录工作痕迹和思考的习惯。其次，每天在自己的 OKR 界面上规划和记录工作，这样可以有效提升专注度和效率，避免发生不知该做什么的情况。

团队如何追踪？团队主管要关注每个下属的 OKR 进展，发现偏离目标的情况后，要划词评论并回复。同时，成员之间也要互相关注，这样信息传递的效率会很高（同样的话不用重复说很多遍）。即使在出差，也要持续关注团队的情况，始终向着大目标前进，及时发现风险，每个人养成"以终为始"的工作习惯。

"一号位"每天都应该花 5 ～ 10 分钟了解各个部门的 OKR 情况，应像结网的蜘蛛一样，敏锐地感知蛛网上任何微小的震动，快速定位问题并解决，为科学决策做好准备。

2. 周会

OKR 周会是一个非常有效的追踪场景，可以按周或双周召开，也可与企业原有的周会合而为一。

OKR 周会的流程如下。

（1）使用飞书工具找到共享文档，该文档包含周会汇报模板。公司级周会应关注"一号位"的 OKR。

（2）提前发放周会汇报模板共享文档给参会人员。

（3）要求参会人员在开会前将各自的进度（KR）补充到共享文档中。

（4）会议开始前 15 分钟，参会人员默读文档，其间可划词评论、提问和回复。此处采用"飞阅会"的方式，可确保信息传递充分。参会人员通过自由阅读并提问，聚焦会议问题并展开讨论。讨论结束后，生成会议纪要以供后期追踪。

总结起来，OKR 周会可以分为三个步骤：写、评、议。

（1）写，即写文档——确保工作与目标紧密关联，避免无关事务的干扰。

（2）评，即划词评论——会前 15 分钟，参会人员默读文档，可划词评论、提问和回复。

（3）议，即讨论重点问题并在会上确定待办事项、截止时间和责任人等细节。

OKR 周会的时长建议控制在 30 ～ 60 分钟，有利于充分讨论问题，提高效率。

3. 月度会议

月度会议可与每月第四周的周会合并在一起，会上可以微调 OKR（周会不能），内容涉及 OKR 进度是不是正常，是否需要调整一些资源、方法等问题。总之，每个月都可以根据月度会议进行纠偏。当一个关键结果或目标变得过时或不切实际时，就要当机立断地结束它——从 OKR 列表中删除它，然后继续前进。

4. 一对一会议

一对一会议是经理与下属互通消息、增进彼此了解的重要渠道，可加强双方的联系，促进相互学习。一对一会议的频率取决于下属对自身工作的熟悉程度及其在特定项目上的经验。如果下属正在推进一个新项目，建议提高一对一会议的频率（如每周一次）；相反，如果下属已经熟练掌握所负责项目，则一个月开展一次一对一会议就足够了。一对一会议的时长至少应为 1 小时。若时长过短，则下属只能提出容易解决的问题，复杂问题往往无法汇报清楚。

一对一会议一般由下属负责拟定议程并调控会议氛围，同时准备会议纲要。在这里，会议纲要至关重要，既有助于下属提前认真思考待讨论议题，也可使上司一目了然地了解会议内容，节约时间，提高效率。

在一对一会议中，上司扮演"协调者"的角色，要让下属畅谈工作状况或遇到的困难。对此，德鲁克有过精辟的阐述："善用时间的经理人不必告诉下属他们的问题，但他知道怎么让下属将他们的问题告诉他。"

一对一会议具有巨大的杠杆效应。通常情况下，每次至少 1 小时的一对一会议可明显提升下属未来两周的工作质量。同时，上司要想做出明智的决策，那么做到在一对一会议中向下属"学习"至关重要。这种会议形式有助于上下级之间建立良好的沟通，提高工作效率和协同能力，同时能增强个人的能力和团队的凝聚力。

举个例子，我的一个朋友 L 是一家知名科技公司的事业部负责人。有一次，公司分配给 L 的团队一个全新的项目。为了确保项目顺利进行，L 作为团队负责人决定加强与团队成员的沟通，每周安排一次与负责该项目的核心成员 C 的一对一会议。

在几次一对一会议中，L 让 C 拟定议程，并鼓励 C 畅谈自己在项目中遇到的困难和挑战。同时，L 分享了自己的经验和见解，引导 C 找到了解决问题的方法。双方共同研究项目进度，分析可能出现的风险，并提前制定了相应的应对策略。同时，通过一对一会议，L 充分了解了项目的实际情况，及时发现并解决了潜在问题。L 给予了 C 极大的关注和支持，在 L 的指导下，C 在应对困难时更加有把握，更加自信，最终该项目取得了显著的成效。

在这个案例中，一对一会议发挥了巨大的作用。它不仅帮助 L 更好地掌握了项目进展，提前预防了风险，还促使 C 全面提升了自己的能力，增强了团队凝聚力。

四、复盘

我们并不是从经验中学习，而是通过反思经验来学习。第一次推行 OKR 就把这件事做好几乎是不可能的，甚至第二次、第三次也很难做到完美。不要气馁，继续坚持下去，不断改变、适应，直到找到适合自己的方式，最终你会收获惊喜。

复盘可以说是"认知迭代"的重要一环。成长就是主观世界遇到客观世界之间的那条沟，你掉进去了，叫挫折，爬出来了，叫成长。复盘能让我们明白自己掉进沟里的原因，找到从沟中爬出来的方法，在下次看见沟时及时避开。

复盘的过程是从目标本身出发，站在结果的角度去审视

OKR 的内容，结合每一条 O 和每一条 KR 的具体执行过程，探讨执行的思路、方法，优先级和灵活性是否有提升的空间；思考下一次想要实现类似的目标或者面对类似的问题时，怎样才能获得更好的结果。这种对于目标实现思路的回溯和提炼，有必要在团队中共享，通过交流、学习可获得团队专属的竞争力。

什么样的复盘流程才能取得良好的效果？具体来说包括四个步骤：自评打分、自评反思、互评反馈、复盘会（见图 3-12）。

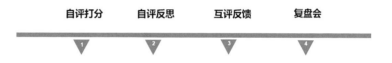

图 3-12　复盘的步骤

1. 自评打分

自评打分的首要目的是让反思这个动作程序化，每个 OKR 周期结束都需要打分，关注个人的自省和成长。

打分前，需要更新自己每个 KR 的完成度（在制定 OKR 时所设定的 KR 的实际达成情况），如图 3-13 所示。

更新了 KR 的完成度之后，就可以给每个 KR 打分了。OKR 打分的形式是自评打分，也就是说，每个人对自己的 OKR 进行评分，不需要上级或者领导给出分数。打分不是为了评判工作的好坏，而是为了衡量目标定得是否合理。理想的分数是 0.6 ～ 0.7 分，分数太低，说明目标定得太激进；分数太高，说明目标定得太保守。

图 3-13　KR 完成度示例

需要注意的是，当 KR 100% 完成，一种情况是目标虽然很难实现但是通过努力完成得非常好；另一种情况是目标定得低了或偶然获得了他人的帮助，并非通过自身努力完成的，此时建议调低分数。例如，某 KR 的完成度远超预期达到 100%（1 分），但是因为完成该目标的困难程度不高且个人并没有付出额外努力，可以考虑减去 0.4 分，最终分数 0.6 分；某 KR 的完成度只有 50%（0.5 分），但是该目标的实现难度很高且个人付出了额外的努力，可以考虑增加 0.2 分，最终分数 0.7 分。

最后，建议大家关注分数的走势，如果分数持续偏高，如经常取得 0.9 ～ 1 分的高分，建议多关注 OKR 内容本身，尽量做有难度有挑战性的事情；如果分数持续偏低，不要焦虑，这时需要关注 OKR 内容的合理性以及执行思路，找到可执行的目标以及更高效的工作方法才是最重要的。

2. 自评反思

自评打分结束后，建议深度思考以下问题，以提升认知。

（1）完成情况及成果总结（超出预期 / 符合预期 / 不符合预期）。

超出预期：＿＿＿＿＿＿＿＿＿＿＿＿＿＿＿＿＿＿＿＿

符合预期：＿＿＿＿＿＿＿＿＿＿＿＿＿＿＿＿＿＿＿＿

不符合预期：＿＿＿＿＿＿＿＿＿＿＿＿＿＿＿＿＿＿

（2）经验总结：亮点、不足、变化、规律。

① 亮点：本季度 OKR 实施后最成功的地方有哪些？

② 不足：需要改进的内容有哪些？

③ 变化：季度内的 OKR 是否有调整？

④ 规律：本次实施总结出来的关于 OKR 的经验是什么？

（3）解决方案 / 下步计划：在下个季度要采取的行动是什么？

我对个人某个季度 OKR 的自评反思如图 3-14 所示，可供大家参考。

通过自评反思，可以快速积累工作经验、突破认知，这一过程中总结的成功经验和失败教训是个人成长和获得成功的前提，可以帮助我们更好地撰写下一个周期的 OKR。

完成个人层面的反思后，建议在团队层面进行信息共享，尤其要共享相关经验和教训，帮助团队里的其他人共同成长。

同时，那些在当前周期没有完成或者值得深挖的目标，可以延续至下一个周期继续推进。

OKR复盘（自评）：
1、完成情况及成果总结（超出预期/符合预期/低于预期/严重低于预期）
超出预期
KR1-经过反复修改，在借助了████和chatGPT的力量终于完稿了；与████讨论出了"芯流飞轮"最终模型；开始了真正的出版流程，太棒了！
符合预期
KR2-在████再次迭代了《心流密码》████，效果较好；████计划下季度商业化
KR 5-完成了两场直播：关于积极心理学、心流、人效、OKR等话题；下季度可以和机构尝试不同方向直播
不符合预期
KR 3-只发送了一篇文章，感觉没有动力
KR 4-没有做，下季度可以开始储备，为新书宣传做准备
2、经验总结：亮点、不足、变化、规律
a-亮点：1）21天心流训练营的迭代，全员打卡，氛围更透明了；2）书完稿，开始出版流程（坚持做成了一件，困难而正确的事）
b-不足：KR 3和KR 4没有进展，缺乏意义感就没有动力
C-变化：无
d-规律：1）一度想要放弃写书，但是坚持很重要！
　　　　　2）需要找到客户，让他满意，找到规律自然产品就迭代了
3、解决方案/下步计划
a-准备开始宣传书（如何在工作中创造心流；如何让团队力出一孔？），请大咖作序，做书的周边
b-找到《心流密码》1＋2 1天的用户，完成至少三次迭代
C-与合作机构直播，宣传《心流密码》课程

图 3-14　自评反思示例

101

3. 互评反馈

完成个人复盘后，就可进行团队复盘。个人对自己的认知往往是有限的，团队复盘可以收获他人的反馈。

反馈是控制论的基本概念，可分为正反馈与负反馈两种：正反馈（如鼓励）可以增强回路（行为）；负反馈（如批评）常常用来减弱回路（行为）。

OKR 情景下的互评反馈是"工作干系人"（上下级间、流程上下游岗位、内部供应商与内部客户等）互相阅读针对OKR 的复盘反思内容，并进行划词评论。

如何展开团队层面的互评反馈呢？首先，要集中反馈，即在个人自评反思完成后，规定一段时间，在干系人之间集

中反馈；其次，线上"划词反馈"，即对有问题的地方建议采用"探寻式提问"，如"这个点很有意思，能详细说明下吗？"（见图 3-15）；最后，"一对一反馈"，建议"减一层"和"一号位"之间采用这种反馈方式，时长一般在 1 小时内，由"减一层"主动发起并提前准备好内容。

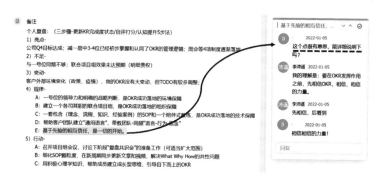

图 3-15 探寻式提问示意

4. 复盘会

什么是 OKR 复盘会？就是基于上个周期 OKR 的推进情况，侧重于经验、教训的总结与分享的会议。它不是气氛压抑、严肃的追责问责会，不能唯结果论，没有批评、教育，拒绝说教、汇报，而是鼓励与会者积极参与、平等交流、群策群力，找到问题或者成功背后的真正动因，总结可复制化经验。

"以铜为镜，可以正衣冠；以古为镜，可以知兴替；以人为镜，可以明得失。"每个人都有盲点，但周围干系人提供的建设性反馈可以帮助我们更好地觉察到自身思维的局限性，启发我们的思维，因此互评反馈很重要。

复盘会上，要积极营造平等交流的氛围。如前文所述，"坏比好强大"——人们更习惯于关注坏事，因此更习惯于给干系人以"负反馈"，这就会导致批评和质疑的声音往往多过鼓励和认可。因此，为了激发团队的内驱力，推动团队的成长和发展，复盘会上应更多地使用"正反馈"的方式（如探寻式提问）。

复盘会的三个关键要素包括参会人员、会议内容和会议周期。

（1）参会人员。为了保障复盘会的高效展开，参会人员通常限定为团队负责人以及"减一层"。

（2）会议内容。复盘会应围绕参会人员的 OKR 展开，可回顾 OKR 制定、共识、追踪等环节，形成闭环认知。

（3）会议周期。复盘会周期通常应与企业的 OKR 周期保持一致，即企业应在每个 OKR 周期结束后召开复盘会。

复盘会的流程如图 3-16 所示。

（1）默读他人 OKR，复盘添加评论（15 分钟）。具体步骤为：① 阅读他人的 OKR 复盘内容，可基于文档进行复盘，也可直接在 OKR 系统中进行复盘总结；② 对于有疑问的内容，添加评论；③ 对于共性问题或者思考，可以使用表情包"+1"或补充上下文；④ OKR 相关方可以基于问题用简单文字回复评论。

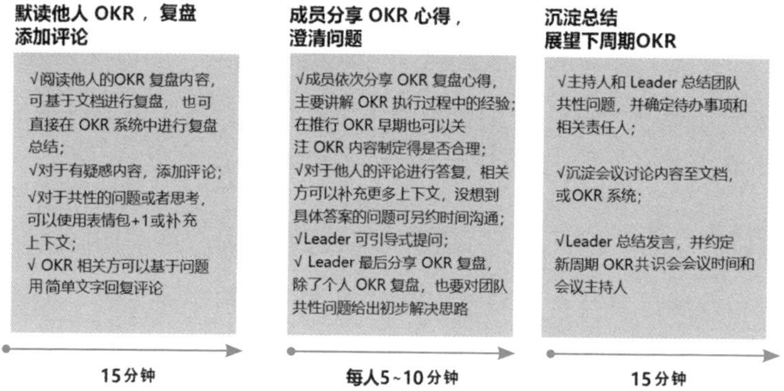

图 3-16 复盘会流程

（2）成员分享 OKR 心得，澄清问题（每人 5 ～ 10 分钟）。具体步骤为：① 成员依次分享 OKR 复盘心得，主要讲解 OKR 执行过程中的经验；在推行 OKR 早期也可以关注 OKR 内容制定得是否合理；② 对于他人的评论进行答复，相关方可以补充更多上下文，没想到具体答案的问题可另约时间沟通；③ Leader（领导）可引导式提问；④ Leader 最后分享 OKR 复盘，除了个人 OKR 复盘，也要对团队共性问题给出初步解决思路。

（3）沉淀总结，展望下周期 OKR（15 分钟）。具体步骤为：① 主持人和 Leader 总结团队共性问题，并确定待办事项和相关责任人；② 沉淀会议讨论内容至文档或 OKR 系统；③ Leader 总结发言，并约定新周期 OKR 共识会会议时间和会议主持人。

总之，只要正确地使用OKR、深入地复盘，组织的洞察力和执行力就会越来越强，这样的企业就像一台性能优良的赛车，可以轻松切换赛道。

5. "一号位"的复盘

"一号位"的公开复盘具有很强的示范效应，实践中可考虑从以下5个维度展开复盘。

（1）初心。主要从两点入手：一是初心是否明确？二是初心是否被众人看见？

（2）目标。可以从三点入手：① 我们要达成的目标（O）是什么？② 对于关键环节或工作的计划是什么？③ 各环节的预期目标是什么？以这三个问题为切入点，进行全面的目标复盘，找出在达成目标的过程中出现的问题，并加以分析。一般而言，目标不清晰或者态度不坚定是最终达不到预期目标的根本原因。目标复盘的关键就是检查目标是否符合SMART原则。

（3）结果。可以从以下三个问题入手：① 实际发生了什么？② 取得了什么样的结果？③ 每个环节中有哪些亮点和不足？用结果对应目标，可以清晰地看到目标是否达成。

（4）原因：实际结果与预期目标有无差异？如果有，是哪些因素造成的？如果没有，成功的关键因素是什么？复盘原因的关键在于：既要有客观原因，也要有主观原因，把握关键核心，不局限于细节。

105

（5）迭代。可以从以下三个问题入手：① 从中学到了什么？② 总结开始做什么？继续做什么？停止做什么？③ 近期的计划是什么？谁来负责？什么时候完成？

"一号位"可通过公开复盘将成功的经验和方法分享给员工，供他们学习借鉴，帮助他们提升成功的概率。

字节跳动原咨询总监袁凌梓老师说自己辅导了几百家公司后得到的经验是：要想把 OKR 变成组织的肌肉记忆，需要三年时间——"照猫画虎"写一年、"心无旁骛"干一年、"随需而变"用一年。

OKR 不是万能药，一用就有效，它是一个正本清源的方法，需要时间的沉淀。

教练—自驱飞轮

"自驱飞轮"是激发团队内在动机、可量化评估的一套教练标准。本章围绕OKR"三会一面"的场景，将教练技术、积极心理学中的PERMA理论、心流理论以及内在动机理论融合形成"三大原则、八项要点"的管理标准，旨在帮助管理者进阶成为教练，激发团队的自驱力。

第一节 三大原则

艾伦·范恩在《潜力量》一书中阐述了一个员工绩效表现的公式，即

$$表现 = 能力 - 干扰$$

举个例子，人们对在平地上行走习以为常，然而当在高空的玻璃栈道行走时，很多人就会表现变得狼狈不堪。这并非因为他们的能力下降了，而是因为他们的内心产生了许多干扰，这些干扰源于恐惧。

职场中同样有许多干扰，如担心信誉受损、被排除在决策之外，害怕在众人面前受到批评、无法获得开展工作所需

的信息，担心与他人意见不合导致关系紧张，工作陷入僵局，未得到应有的认可，建议被误解或忽视，绩效排名落后甚至面临失业等。减少干扰对于提高绩效具有十分重要的影响，有时甚至比提升能力还重要。这些会影响能力发挥的干扰通常来自我们内心的恐惧或忧虑，这种恐惧或忧虑会干扰提高绩效的三个关键因素：难以保持"专注"；扼杀工作的"热情"；动摇内心的"信念"。

企业管理者可尝试在一个 OKR 周期内，将 OKR 教练的"三大原则"融入 OKR 的"三会一面"，以降低团队成员因恐惧而产生的干扰。

"三大原则"具体是指目标明确（clear objectives）、过程投入（process input）和结果成就（accomplishment）。

一、目标明确

明确的目标是创造心流的关键要素之一。具体、明确的目标能带给人一种内在秩序感，并减少精神能量的损耗（降低精神熵）。德鲁克曾说过："没有目标就没有管理。"因此，在制定 OKR 时，应尽量让目标更清晰，结构明了的 OKR 是深入思考的成果。

人类从出生开始就具有追求目标的本能。为了实现自己的目标，我们会朝着心中所想的方向努力，逐步靠近直至成为理想中的自己，也就是说当下的所思决定着我们的未来。

例如，当你在头脑中构建了一个设想、愿景或观念时，你就会被深深吸引，朝着这个设想、愿景或观念迈进。同样，当你为当下所处的负面环境而持续焦虑、担忧，就会被吸引到那些消极事物当中无法自拔。

你所思考的自己就是你将成为的自己，当下的想法能够决定你的未来。我们可以通过小孩学骑自行车的例子来理解这个道理，如果看到前面的路上有一个坑或一块石头，学车的小孩就会下意识紧盯着它们以免撞上，这时身体往往会跟随视线的方向，最后难免撞上。正确的方法是：不要看向路上的坑或石头。

在职场中也是一样的道理，遇到问题时，许多人往往只关注问题和负面因素，而非解决问题或采取积极行动。他们认为自己很现实，满口消极言论，还会声称自己谈论的是实际问题，却不知道实际上他们这样的举动只是在拖累自己、他人甚至团队的前进。正确的做法是：首先要意识到问题的存在，接下来就是集中精力思考自己期望得到什么结果。在这个过程中，可以问自己一些问题，如"如果没有这个问题，情况会怎么样"或者"解决了这个问题后，情况会怎么样"，这种思考可以让我们更明确地认识到自己真正想要的结果，并为了实现这一结果而采取积极行动。

作为团队的领导（教练），可以尝试运用以下公式帮助下属或团队成员在头脑中构建清晰、逼真的图像（目标），并产生相应的情感体验，最终带领下属或团队成员克服困难，将头脑中构建的图像转化为现实和成果。

$$I×V=R$$

式中，I 为想象力；V 为逼真度；R 为现实。

想象力是人类心智的一个重要组成部分，我们可以利用想象力预设各种生活场景，如晚餐安排、周末聚会等，也可以突破时间的界限，利用想象力预设未来的种种可能。

这个公式告诉我们，在头脑中构建清晰、逼真的图像，并产生相应的情感体验，有助于我们将这些图像转化为现实，而这一切都是在我们的潜意识中完成的。

我们所经历的现实世界，无论是积极的还是消极的，都是想象力的产物。我们会根据自己所相信的事物采取行动，想象力强大的人，往往能够实现更大的目标。

二、过程投入

在实现目标的过程中，全身心地投入至关重要，这也是幸福的来源。根据 PERMA 幸福理论，"投入"是主观感受，它难以衡量但可被感知，如"热情"。每周的 OKR 追踪会就是为了保持团队对目标的热情和信心。

我们的生活中总有一个特殊使命等待着我们去完成。这个使命是探索自身潜能的过程，是实现自我的途径，是让我们变得更好，过上无畏人生的关键。但要完成这个使命，需要两种特别的动力：一种源于恐惧，另一种源于内心深处的渴望和力量。

外部驱使、物质奖赏等的效果短暂、难以持久，并不是挖掘潜力的有效工具。相反，我们真正需要的是内在的推动力，也就是自我激励。那么，如何才能实现自我激励呢？这涉及前文提到的两种动力：一种是基于恐惧的强制性动机，另一种是基于内心价值的建设性动机。

强制性动机由恐惧驱动，它常常会让我们产生"不得不做"的感觉，如我们可能会想"我必须这样做，否则我会失去工作"。这种思维方式容易让我们陷入恐惧，局限我们的行动范围。与之形成鲜明对比的是建设性动机，它源于我们对某件事的价值认同。我们喜欢它，热爱它，选择去做它，这是出于我们内心真切的期望。每当我们觉得"我不得不做这件事"，我们的潜意识就会对这种被迫的感觉产生反感情绪；相反，如果我们能够换一种思维方式，告诉自己"只有我喜欢做的事，我才会去做"。这样，所有的目标都建立在了自我的选择、喜好和热情之上，而非他人的强迫。

如果管理者用强制的方式推动员工，可能会导致整个团队的士气受损。尤其是那些才华横溢的员工，他们更容易产生抵抗心理。这种抵抗并不表现为对外界的攻击，而是以拖延工作的方式表达出来。员工可能仅仅为了让给予压力的人闭嘴而应付交差，并不会追求卓越。

若一个团队的文化以"不得不"为核心，员工就会因为"必须"的原因留在公司，对除工作以外的其他事情漠不关心。一旦下班时间到，他们就会急于离开。但如果员工因为热爱工作而选择留在公司，那么时间对他们来说就没那么重要了，因为他们会愿意投入时间和精力去实现目标。

如果我们总是告诉自己必须去做某件事，我们就失去了尊重自己的机会，这预示着我们缺失了自尊。因为我们被迫去违背内心的意愿，而非真心选择去完成任务。这种感觉会让我们感到无力，仿佛我们被剥夺了什么。

所以，从现在开始，我们所有的决定、行动，都应该基于自我。这是一种调整内心对话的方式，把"我不得不"变成"我想要"。

三、结果成就

成就感也是幸福感的重要来源。因此，在总结 OKR 时，应刻意关注收获成果的部分，如"工作亮点"和"发现的规律"等。

在我们生活的世界中，负面言论和不良影响在所难免，有时它们会让我们对未来和外部环境感到恐惧。在这种状况下，保持积极的自我观念就显得至关重要。我们需要深信自己的价值，并认识到自己的优点。而在这个过程中，我们无须等待他人的赞美，要学会自我鼓励，关注自身成长并给予自己必要的正面反馈。提高自尊和自我形象能够以全新的角度改变你的生活，增加财富、促进人际关系，让你的世界更加精彩。

　　例如，在工作中出现小错误时，我们不应以"我太粗心了，真是个笨蛋"等类似想法贬低自己，因为这样只会削弱我们的自尊和自信。相反地，我们应当以更积极的态度对待，承认并纠正错误，并告诉自己："这是一个很好的学习机会，我会避免犯同样的错误并努力改进。我在其他方面做得很好，会继续保持优秀表现。"面对他人的赞美，我们要学会接受并道谢，同时要从内心深处感受到这种肯定，增强自己的信心。

　　值得注意的是，一个人的自尊水平与其行为举止息息相关。高自尊的人通常会尊重他人，避免讽刺或贬低别人；而低自尊者可能会因为想提升自我自尊而伤害他人。面对这种情况，我们需要坚定自己的立场，拒绝接受贬低和讽刺。

　　此外，就自己做得好的事情列一个清单可以帮助我们回顾过去的经历，从中获取积极的体验或经历。通过多次回忆这些经历，我们可以加深对自身的认识，更好地应对未来的挑战。

　　在团队或公司环境中，自尊水平的高低会产生重大影响。当员工高度自尊时，他们会更自信、积极地应对工作，并尊重同事，这样也能激励整个团队的成长。相反，如果员工自尊心较弱，则可能会导致消极行为的出现，如低效率、缺乏协作和沟通等。

　　成就感是增强自尊和幸福感的重要因素。一项任务的成功完成不仅能提升我们的信心，也会增强对自我价值的认识。

在总结 OKR 时，特别关注结果成就部分是非常必要的。

例如，"工作亮点"部分可以突出我们在达成目标过程中表现出色的地方，而"发现的规律"部分可以帮助我们理解在完成任务过程中学到的经验、教训和新知识。这些都是我们的成就，能加深我们的自我认识，从而进一步提升自尊。

通过这样的方式，我们可以以更积极、主动的态度面对工作中的挑战，同时会更乐于分享我们的成就，建立更健康的人际关系，为个人和组织的发展打下坚实的基础。

优秀的管理者需将"三大原则"融入 OKR 的"三会一面"，即制定 OKR、每周追踪会和复盘 OKR。这样做可以确保团队在追求目标的过程中始终保持专注、热情和信念，从而减少恐惧带来的干扰，提高团队整体表现。

长期坚持执行三大原则，并将其内化为团队的肌肉记忆，有助于实现集体心流状态，使团队成员更好地发挥潜力，共同达成目标。

第二节　八项要点

OKR 教练的"八项要点"就是将积极心理学中的原理巧妙地应用于整个 OKR 执行周期，时刻关注人的状态，这是教练帮助团队达成目标的关键。

一、制定 OKR 时

制定 OKR 时，重点关注三点：意义、自主、难度匹配。

1. 意义（meaning）

一种强烈的意义感不仅是实现幸福的重要源泉，也是我们积极行动和练习自我超越的关键驱动力。这样的"意义"赋予目标以鲜明的色彩，焕发出巨大的推动力。

在这个充满挑战的世界中，人们对于意义的追寻始终不止。正是通过理解这个"意义"，我们才能够有效地激活内在动机，从而更好地克服困难并最终达成我们的目标。内在动机是源自个体内心深处的需求和期望，诸如学习新知识、提升技能或获得他人认同等。当触及深层次的意义时，我们便会坚定地去追求目标，因为此时的目标已经与我们的价值观和信念紧密相联。这种来自内心深处的驱动力，有助于我们保持坚定的信念，积极应对各种挑战，从而更易于实现我们所设立的目标。

意义对于团队目标实现的重要性，主要体现在以下几个方面。

首先，它可以加强团队的凝聚力和执行力。团队成员如果共同认可一种意义，便更容易达到共识、形成团结一心的团队精神，这对于强化团队的凝聚力和提高执行力具有至关重要的作用。

其次，它能够有效降低人才流失率。当团队成员能够深切体会团队所做的事情的意义时，他们会更愿意为此付出努力，因为他们明白自己的每一次付出都是有价值的，这有助于降低人才流失率，保持团队的稳定。

再次，它可以激发团队的创新精神。如果团队成员认为自己正在做的工作是有意义的，那么他们在解决问题的过程中更可能在思维方式上有所创新，这将推动整个团队向前发展。

最后，它能提高团队的抗压能力。强烈的意义感可使团队成员在面临压力和挑战时保持冷静并积极应对，这将提高整个团队的抗压能力。

综上所述，对于团队意义的认同和理解可以有效地激发成员的内在动机，从而帮助团队更好地克服各种困难，顺利达成目标。因此，在设定团队关键结果（OKR）的过程中，负责人作为教练，需要重视培养成员的意义感，并让他们为共同的目标（O）持续付出努力。

2. 自主（autonomy）

"自主性"是一个极其关键的概念，它反映了个体对自身行为的选择权和控制权。自主性并不只是一种理想化状态，而是每个人都需要在日常生活和工作中培养和锻炼的一种重要能力。这种能力是创造力的活水源泉，是唤醒我们内在动机的基础。

首先，自主的核心是独立思考的能力。具有这种能力的人能够自我驱动、积极规划，并执行自己的计划。当遇到困难时，他们不会被动地等待外部的帮助，而是积极寻找解决问题的方法。这种独立思考和积极应变的能力，不仅有利于提升个体解决问题的能力，也会大大提高团队整体的敏捷性和协调性。

其次，自主意味着强烈的责任感。当个体清楚自己在团队中的角色和任务时，他们会全力以赴地完成自己的职责。同时，由于他们明确知道自己的目标，所以在面临挑战时，他们会坚持下去，直到达成目标。例如，在足球比赛中，每位队员都清楚自己的角色和任务，并为此全力以赴，最终一定能达成赢得比赛的目标。

最后，具备自主精神的团队成员更愿意主动学习，不断提升自己的技能。他们拥有积极进取的心态，对新知识和技能有着无限的热情，这种持续的自我提升将使整个团队变得更强大。

那么，如何提高自主性以实现更好的发展呢？首先，我们可以尝试撰写心流密码，强化内心的信念。其次，要打破思维的局限，勇于探索，不怕失败，敢于接受挑战。这样，在面对困难时，我们就可以更好地应对，而不是被动地等待帮助。

总体来说，自主是一种源自内心的驱动力，它推动我们向前并帮助我们实现目标。在 OKR 的管理模式中，我们需要重视自主性，即"我的 OKR，我做主"。只有通过强化自主性，我们才能真正激发内在动机，从而推动有意义和持久的变化。

3. 难度匹配（difficulty matching）

"难度匹配"是一个重要的概念，它讨论了挑战和能力之间的关系，并强调当二者处在一种平衡状态时，人更容易进入专注而充满乐趣的心流状态。如果一项任务对你来说过于困难，超出了你的能力范围，你可能会感到焦虑；反之，如果任务过于简单，远低于你的能力水平，你可能会觉得无聊。因此，难度匹配的原则尤为关键，它直接影响着我们的"心理资本"。

在工作中，如果设定的目标过于庞大，几乎无法达成，那么我们可能会因沮丧和压力而放弃。反过来，如果设定的目标偏向轻松，我们可能会因为缺乏激励和挑战而失去动力。所以，问题的关键在于如何进行有效的难度匹配，以设定一个难度适中、既具有挑战性又可实现的目标。

首先，我们需要了解和评判自己的能力、知识和技能水平，这将帮助我们设定现实的、可以实现的目标。如果你是个新手，就不应在某件事情上设定一个过高的目标，否则当你不能完成时，可能会因感到挫败而失去动力。相反，如果你为自己设定一个相对容易实现的目标，这可能会增强你的信心，并提高成功的可能性。

其次，确定目标的难度应考虑多方面因素。需要评估达成目标的难度、时间和资源等。当你确定自己有足够的知识和技能来执行一个项目后，那么还需要考虑完成此项目所需的时间、资源等。只有在充分考虑了所有因素之后，你才能制订出一个合理可行的计划，这样才能为目标的成功达成奠定坚实的基础。

最后，我们的思维方式也深深影响着目标难度的设定。具有成长型思维的人往往更愿意做出大胆的决策，并立即付诸实践；而具有固定型思维的人可能会因为改变而感到焦虑和担忧。因此，作为团队领导者，你需要了解每个人的思维方式，并根据他们的实际情况合理匹配难度，为他们设定合理且具有挑战性的目标。

总之，难度匹配不仅是进入心流状态的关键，也是保持心理资本充足的重要因素。只有设定适度的挑战和合适的目标，我们才能在工作和生活中保持积极状态，朝着目标迈进。

此处小结一下：在制定好自己的 OKR 之后，可以从意义、自主和难度匹配三个维度入手进行打分（1 ～ 10 分）。其中，"意义"和"自主"的分数越高，说明自驱力越强；"难度匹配"可转换为"信心指数"进行打分，此项分数越高，说明目标实现的概率越大。

二、追踪 OKR 时

追踪 OKR 时，重点关注两点：有效反馈、积极情绪。

1. 有效反馈（effective feedback）

"有效反馈"被称为创造心流的三大核心元素之一，它在记录 OKR 进度、周会、一对一面谈等场景中展现出了重要性。那么，如何运用有效的反馈来优化 OKR 的成效呢？答案主要涵盖以下几个方面的内容。

首先，反馈必须及时。在 OKR 框架内，定期和及时的反馈是非常关键的，因为它能让团队成员对目标和关键结果有更深入的理解并适时调整战略。例如，我们可以每周或每月举行一次反馈会议，共享 OKR 的进程，发现存在的问题，并共同探寻解决办法。

其次，反馈必须具体。要提供高质量的反馈，就需要针对具体的事项进行反馈。讨论关键结果时，应尽可能详细地描述成功的部分以及需要改进的地方，避免使用模糊的评价，这样才能帮助团队成员明确自己需要在哪些领域做出改进。

再次，反馈应该是互相的。在讨论 OKR 的过程中，我们要倡导团队成员积极参与并表达自己的观点。通过这种讨论和互动的方式，团队成员可以彼此学习、共同进步，这不仅有利于增强团队凝聚力，还能改进目标的设定以及计划执行过程。

然后，要提高透明度。我们应尽力确保 OKR 的制定、实施以及反馈过程对所有团队成员是透明的，只有这样才能让成员了解各自的进展情况和所面临的挑战，从而激发团队的合作精神，鼓励他们共同解决问题。

此外，要重视奖励与鼓励。我们需要给予团队成员适当的激励，增强他们对实现 OKR 的积极性。这些奖励可以多种形式体现，比如口头表扬、晋升机会或者物质奖品等。同时，我们要鼓励团队成员在面对挑战时勇往直前并克服困难。

最后，要持续改进。OKR 不是一成不变的，我们需要持续关注它的效果，并根据反馈不断进行优化。同时，我们要根据团队的需求和实际情况调整目标和关键结果，使其更符合团队的实际需求。

2. 积极情绪（positive emotion）

积极情绪，无论是高兴、平静、舒适还是温暖等，都是人们主观体验的一种状态。这种状态能够通过正念、冥想、运动等方式得到调整，进而让人们的能量处于较高水平。对于领导者来说，可以通过表扬、授权和创造归属感等手段来使团队成员保持积极情绪。

如何在执行 OKR（目标与关键结果）的过程中确保团队成员保持积极情绪呢？以下几个方面的内容比较关键。

首先，强调团队协作的重要性。成功的团队应该是互相支持，共享知识和资源的。当一个团队成员面临挑战并试图完成任务的时候，其他团队成员应当毫不犹豫地伸出援助之手，提供解决问题的建议或方案。这样的团队氛围有助于激发团队士气，增强团队成员的归属感，从而维持积极的情绪状态。

其次，目标设定应与团队的价值观紧密相联。只有当团队成员认为自己的工作对于整个团队的目标有重要贡献的时候，他们才会全身心地投入工作。因此，制定 OKR 的过程中，我们必须确保这些目标和关键结果的设定与团队的使命和愿景密切相关。

再次，及时的反馈和嘉奖是激发团队成员积极情绪的关键手段。当团队取得了显著的成果时，领导者应该给予适当的表扬和奖励。如设立"优秀员工"奖项或举行庆功活动，以此表彰那些在当月表现突出的员工。这样可以让团队成员感受到自己的付出得到了认可，从而进一步激发他们的工作热情。

此外，创造开放和包容的沟通环境同样重要。团队成员需要有机会表达他们的意见和建议，而领导层也应倾听并采纳。定期召开团队会议，让团队成员共享心得、交流经验能增强团队凝聚力，并帮助团队成员在面对挑战时保持积极的态度。

最后，保持团队信息透明是维护团队积极情绪的另一重要环节。只有团队成员充分了解项目的进展和预期结果，他们才能明白自己的工作如何影响整体表现，从而更加关注团队目标。例如，可以创建一个在线看板，实时更新 OKR 进度，让所有团队成员都能清晰地看到项目的最新状态。

三、复盘 OKR 时

复盘 OKR 时，重点关注三点：胜任感、关系以及沉淀、迭代。

1. 胜任感

在运用 OKR（目标与关键结果）时，我们不能忽视胜任感的重要性。胜任感是指一种自我认知，使人相信自己有能力掌控环境并胜任工作。有了强烈的胜任感，团队成员更容易激发内在动机，从而有效地推进 OKR 的实施。

首先，我们应把 OKR 的周会视为庆功会，而非批判会议。这个必不可少的环节旨在让团队成员共享工作进展、面临的挑战，并集思广益解决问题。如何在这个过程中建立和增强团队成员的胜任感呢？以下是一些实用的建议。

首先，清晰的角色定位至关重要。我们需要明确每个团队成员的具体职责和期望的成果，使他们知道自己需要完成什么任务，并理解如何向团队报告自己的进展和遇到的问题。这样可以帮助他们建立明确的方向感和责任感，从而提升胜任感。

其次，应鼓励开放式沟通。团队成员之间的直接交流可以帮助大家了解各自的工作进展和面对的难题，以便共同找出解决方案。鼓励成员在会议中提出问题、寻求建议和解决方案，能够增强他们的参与感，有助于激发他们的胜任感。

再次，给予认可和奖励是必不可少的环节。当团队成员感觉到自己的工作被看见并得到赞誉时，他们的胜任感将会大大增强，从而激发其更大的工作热情。

最后，应该提供必要的培训和支持来帮助团队成员提升自己的知识和技能。技术培训、个人发展计划以及管理培训等方式都可以帮助团队成员更好地胜任工作，从而实现 OKR 目标。这些措施将促进他们的专业成长，并加强他们的胜任感。

2. 关系

人的社会属性使我们渴望成为某个集体的一部分，这种与他人的联系是我们生活的基本组成部分。当这种联系存在于一个充满支持和互助的环境中，它能够激发我们的内在动机，并驱使我们去实现目标。反之，如果人际关系是竞争性的，如过度控制，那么可能会削弱我们的内在动机。在实施 OKR（目标与关键结果）的过程中，这种关系通常涉及跨部门协作以及个人目标与团队目标的融合，所有这些都基于良好的人际关系。

首先，要对自身有清晰的认知，理解并接纳自己的愿望、需求和优、缺点。团队成员只有深入了解并积极追求自己的目标，才能更有效地理解、支持和推进团队的目标。因此，在展示自我与融入团队的过程中，与自我建立健康而积极的关系至关重要。

其次，团队成员之间的信任感、相互尊重和合作精神构成了成功的基础。构建一种积极的团队文化，定期组织反馈活动，并通过各种方式提升团队精神，如组织领导小组会议或团队建设活动，这些都是加强团队成员互动和合作的有效方法。

最后，保持不同部门间的稳定、和谐关系对于实现 OKR 的整体目标至关重要。每个部门都应明确自己的角色与职责，以便快速、准确地处理问题和冲突。比如，营销部门和销售部门之间的紧密合作可以确保产品和服务的顺利推广和销售。

总的来说，在实施团队 OKR 时，良好的人际关系是不能忽视的因素。我们需要投入时间和精力来发展和深化与他人的关系，无论是个人层面的还是跨部门层面的，高效的合作有助于更好地实现个人和团队的目标。

3. 沉淀、迭代

在实施 OKR（目标与关键结果）的过程中，复盘阶段的"沉淀、迭代"环节至关重要，它为我们提供了一个优化和改进策略的机会，有助于我们为下一迭代周期做好准备。在这个过程中，以下几个步骤是值得我们特别注意的。

首先，数据和反馈的收集是沉淀与迭代的基石。在复盘会上，团队成员应积极分享自己在实现目标和关键结果过程中遇到的问题、收获的经验以及对相关议题的反馈。通过这种方式，所有成员都可以更全面地理解团队在追求目标过程中的表现。借助对这些数据和反馈的分析，能够为团队绩效制订改进计划。

其次，对成功与失败的总结是提升过程中必不可少的内容。团队需要探讨成功和失败背后的原因，并从中积累经验、吸取教训。对于那些已经取得成功的部分，我们应寻找方法继续保持并提高成功之处；相对的，针对失败的部分，我们需要集思广益，寻找改进策略，以防止类似问题再度发生。

再次，制订针对性改进计划是关键步骤之一。可行、可度量的改进计划可以帮助团队更有效地实现目标和关键结果，需要为每一个改进计划设定明确的责任人和时间表，以保证计划的顺利执行。

此外，团队流程的迭代同样重要。团队应持续反思并优化现有的流程和方法，包括但不限于团队协作方式、沟通模式、使用的协作工具等，以更好地达成目标和关键结果。

最后，定期复盘和迭代至关重要。回顾并总结上一周期的改进计划执行情况、团队绩效及流程可以帮助团队得到更深入的理解，并对下一轮的 OKR 执行做出相应调整。

总体来说，"沉淀、迭代"环节使团队有机会从经验中学习知识，从失败中吸取教训，从成功中积累经验，这种循环反馈的过程将推动团队不断进步，更有效地实现 OKR。

此处小结一下：评价一个 OKR 复盘会开得怎么样，可以用三个指标来衡量：第一，团队胜任感是否增强了，更有信心了？第二，团队成员关系是否更近了？第三，这个周期的经验和教训是否提炼出来了？做好沉淀和迭代的工作了吗？

第三节　芯流教练——心法实例

平庸的老师说教，合格的老师解释，优秀的老师示范，伟大的老师激发。

——威廉·亚瑟·沃德

教练技术是通过提问唤醒他人责任和觉察的一种方法，可以帮助人们提升绩效。因此，主流观点认为教练技术是领导力的重要组成部分。

然而，教练技术的局限在于它只是唤醒了对方的觉察，并没有帮助对方完成知行合一的认知闭环。芯流教练建立了一个包括目标设定、过程反馈和结果复盘的完整体系，下面就是一个自我教练的实例。

一、做自己的教练——游泳

我有早上游泳的习惯，只要不出差，每天早上 7:00 把儿子送到学校，7:10 我就会到达健身房。

一天早上，我送完儿子后又来到了健身房。这时我突然冒出了一个想法（自主）：我能不能把游泳时间控制在半小时之内，这样就能把停车费省了（目标明确）。健身房停车场的规则是半小时以内免费，虽然超过半小时的停车费标准并不高，但我觉得这个主意很有趣（意义）。

当停车场道闸抬起的时候，我看了一眼表，还是熟悉的7:10，要免费停车，我需要在 7:40 前再一次让道闸抬起。

由于我来得很早，所以有很多空着的停车位，我就近找了一个空位将车停好，然后在大脑当中粗略估计了一下半个小时的时间该如何分配：登记、换衣服等下水前的准备工作大概需要 5 分钟；游泳结束后，冲澡、吹头发、穿衣服、结账离开和发动汽车大概需要 10 分钟，这样算下来，我大概有15 分钟的游泳时间（难度匹配）。

想到这里，我迅速下车进入健身房。时间尚早，泳池里的人不多。独享一条泳道的感觉十分自由（过程投入）。泳池墙上挂着一只钟表，对应泳道的中间位置。每游一个来回，我都可以看到它（及时反馈）。7:30 的时候，我已经游了十几个来回了。

游泳后冲个热水澡甚至比睡觉更有助于恢复精力（积极情绪）。穿好衣服后，我去前台结账的时候顺便瞄了一眼墙上的表——7:37（及时反馈），眼看即将达成目标，一丝兴奋的感觉涌上我的心头（胜任感）。

发动汽车再次来到道闸前，收费显示屏幕上的时间是7:39，随着"嘀"的一声响起，屏幕上出现了"免费时段"四个字（结果成就），随后道闸抬起，我一脚踩下油门，车子便冲了出去。

此后，30 分钟的游泳就成为我的平常之事，我"教练"

自己由内而外地提升了对自己的看法。

二、激发下属的工作动力

一谈到激励方式，人们很容易想到工资、奖金、股票、期权等物质激励的方式。这种物质激励方式固然直接、有效，但其作用总是有限的，因为钱并非万能的。

有时候，相比物质激励，非物质激励具有不可替代的重要作用。典型的非物质激励方式包括表扬、授权、建立归属感和建立共同愿景四种。

（1）表扬。表扬能带给人荣誉感，具体来说有三个诀窍：一是表扬要及时。某个下属做得好，领导要马上给予表扬。如果过了许久才想起来，那么表扬的效果会大打折扣。二是公开表扬。这样既能让被表扬的下属开心，又能树立良好榜样，鼓舞其他人像他学习，一举两得。三是表扬要恰当。表扬的内容必须是和部门、公司的价值观、文化相一致的。如果企业提倡"产品领先"，那么一个死盯产品，最终研发出击败所有竞品的产品的个人或部门就值得表扬。相反，若一个人天天加班却做不出成果，就不应当给予其表扬。

（2）授权。对管理者而言，学会授权是必修课。管理者不可能事事亲历亲为，必须为下属预留一些决策空间，只有这样才能激发下属的主动性，促使其发挥更大的价值。同时，授权可以给下属或团队成员带来信任感，让他们在工作中更加投入。

需要强调的是，授权的时候需要注意以下几点：① 授权不授责。授权并不等于你把事情交给别人后就什么都不用管了，你还是那个负责者。作为领导，你需要将下属"扶上马，送一程"，在这之后，你也不能躲清闲，如果他犯错了，你需要对他负全责，这是你作为领导的担当。② 明确责权利。授权的时候，领导要清晰地告知下属授权的目的、任务成功的要点，同时要明确与之匹配的权力和支持有哪些，还要告知下属成与败对应的奖赏或后果。③ 尽量当众授权。例如，授权某人为某个项目的负责人时，应尽可能当着项目成员进行授权，这样可以帮助被授权者建立一定的威信，方便其后续工作的顺利开展。

（3）建立归属感。成员的归属感来自于其在团队中感受到的关心，如遇到工作难题，成员间应相互鼓励，一起想办法解决；项目遇到比较大的挑战时，团队成员可以一起头脑风暴，共同制定方案。

（4）建立共同愿景。共同愿景能够使团队成员齐心协力，把不可能变成可能。

三、教练 GROW 模型

领导或管理者作为团队的负责人，应不断学习以掌握科学的方法和技巧，成为一个好的辅导者 / 教练，帮助团队成员不断成长。对此，不妨参照约翰·惠特默在《高绩效教练》中提及的 GROW 模型（见图 4-1），试着提出有效的问题。

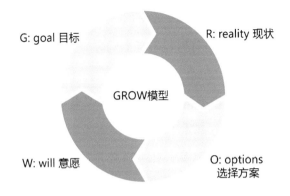

图 4-1　GROW 模型

什么是有效的问题？有助于思考和进步的问题就是有效的问题。例如，"为什么不试试新的销售方法""是什么原因让你尝试新的销售方法"这两个问题的意思相近，但前者更容易引发对方的自我保护。

GROW 模型从四个维度来提问，具体如下。

（1）关于目标的问题：你的目标是什么？什么时候实现？实现的标志是什么？如果需要量化，那么用什么量化你的目标？

（2）关于现状的问题：现在的状况怎么样？你为了实现目标都做了什么？当目标不能实现的时候，你有什么感觉？有哪些与你相关的原因导致不能成功？

（3）关于方案的问题：要改变目前的情况，你有哪些方案可供选择？你认为哪种方案最有可能成功？你觉得自己采取行动的可能性有多大？调整哪个指标可以提高采取行动的可能性？

（4）关于意愿的问题：你的下一步行动是什么？何时是采取下一步行动的最好时机？遇到的障碍是什么？你需要哪些支持？

按照 GROW 模型问完上述问题（只是范例，可根据实际灵活调整），对方基本上就明白该怎么做了。教练的目的是帮助员工提升自我认知、建立自我责任，而不是分摊员工的责任。因此，不要指导员工考虑如何解决问题，否则对方就会停止对自我现状的思考，这样即便你最终帮他解决了问题，他也不会成长，也更加感受不到工作的乐趣和成就感。

四、怎样监督下属完成行动闭环

如何把方案转化成行动成果？许多管理者都遇到过这样令人郁闷的场景：安排工作时，即使你已经说得很详细了，但下属做出来的成果和你说的仍然完全不是一回事。

其实，出现这种情况，恰恰是因为管理者说得太详细了，导致下属无法主动思考，把所有精力都用在死记硬背管理者说的话上了。这其实是教师型领导力的最大问题。

要解决这种情况，可以尝试采用教练式方法，把主动权交给下属，由下属来制定行动方案，如此，走样的风险就小得多了。

有一个很有效的工具叫作"SEA 模型"，它既能激发下属的主动性，也能监督下属完成行动闭环，包括支持

（support）、鼓励（encouragement）、问责（accountability）三个步骤。

（1）支持。支持就是要让下属感觉到自己是被支持的。教练式领导者可以通过启发式提问给予下属支持。下面以一个实际场景来说明：

某个下属觉得本部门的业绩目标定得太高了，于是向部门总监叫苦，下面是他们的对话。

下属："总监，公司的战略会开完了，我们落实了两个月，绩效还是达不到目标。"

总监："你认为问题出在哪里呢？我们还能做些什么？"

下属："我们已有的用户圈太固定了，消费力降低，我们应该扩展更多的用户。"

总监："你觉得应该怎么扩展？"

下属："我们应该在产品创新上做更大的调整，丰富我们的用户池。"

总监："你的想法很好，可以落实在方案上，看看需要哪些资源，我去和老板争取。"

在这个场景中，总监的处理方式让下属真正地感受到了自己是被公司支持的。注意，这里有一个关键词，那就是"感受"，作为领导，要让下属真切感受到你的支持。

（2）鼓励。鼓励是什么？就是给下属鼓劲儿，让他们持续努力。仍以上面的场景为例，作为总监，可以这样鼓励下属："你主动思考出了三个方案，并根据风险评估选择了一个最优方案，做得非常好，就按你的方案去做！"这样的回复可以给予下属很大的鼓励，让他按照你设定的方向努力，为团队贡献更大的价值。

（3）问责。问责的目的不是质询下属，也不是事后追究责任，而是在事前明确谁是第一责任人。例如，领导可以这样问："刚刚你说的这个方案，什么时候可以完成？三天后要交付的话，两天后是不是需要检查一下？"这里一定要注意和下属确认工作进度。

管理者的最终目的是完成组织的目标，激发员工的主动性、热情和智慧是完成这个目标所必需的。

134

五、用相信传递相信，用觉察唤醒觉察

在暑假的一个早上，我和儿子一起吃早餐，我吃得快，于是就把电脑拿到餐桌上工作了起来。儿子突然"哎呀"一声，站了起来，手足无措。

"怎么了？"我抬头问。

"我把酸奶洒了一身。"儿子怯怯地回答。

看着他整个上衣都洒上了酸奶，桌子上和地上也有，我的第一反应是生气。本想数落他一顿再帮他把衣服换下来，但当时我意识到这样的讽刺、斥责和说教并不会让他记住这次教训，于是我忍住了怒气，平静地问道："现在该怎么办？"

"我要先换衣服。"儿子一边脱着他的上衣一边说。

"好，你换好衣服后，我们来复盘一下"。

"复盘？"

"嗯，就是分析一下刚才哪里出了问题。"

看到儿子换好衣服出来后，我问："刚才是什么情况？"

"我刚才撕酸奶的时候用力过猛了。"

"那下一次怎么避免呢？"

"我慢慢地撕。"

"还有什么办法？"

"用吸管。"儿子答道。

"很好，那你的衣服、桌子和地板都弄脏了，是不是应该你自己清洗？"

儿子点点头，心甘情愿地洗了衣服，收拾了桌子和地板（建立了因果的责任感）。

当天上午还出现了诸如"爸爸，帮我找短裤""爸爸帮我找卷子"等事件，我都本着"用相信传递相信"的原则，鼓励他但就是不帮他。最终，他都找到了。事后我问他："通过这几件事你能得出什么结论？"

"做事不一定要按常规的办法，比如短裤就是我在被子里找到的。"

"还有呢？"

"不要轻易地放弃，要尝试不同的办法。"

当他说出这样的话时，我很欣慰，我用自己的觉察唤醒了他的觉察和自信。

总之，教练技术帮助我走出固有模式，接近了更有觉察、更有效率、更有幸福感的生活。

六、在工作中找到心流

1. 背景

某公司中后台部门的小 C 是一名 HRBP（human resource business partner，人力资源业务合作伙伴），当下她面临的问题主要有：招聘需求夸张；业务部门配合度低；"低人效"情况貌似无解；目标不清晰。业务部门的教学主管小 A 是小 C 的内部客户，下辖 100 多位教师，她面临的问题有：教师流失大（离职率高）；招聘效率低。另外，她觉得招聘岗位的小 B（HR）不懂业务，光出制度，提供不了有效的支持（见图 4-2）。

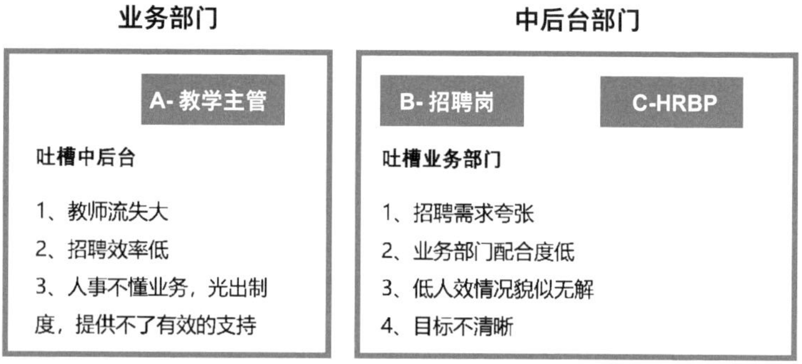

图 4-2　公司部门关系

在这种"部门墙"很高的工作环境下，小 A、小 B、小

C 的内心都是"失序"的，每个人都觉得工作得不顺畅，精神熵值高，但绩效不高。据小 C 的主管透露，小 C 年初曾提出离职，因为她觉得自己一无是处，每天都很焦虑。

2. 变化

2021 年 4 月，小 C 作为第二批 OKR 的试点成员，接受培训后撰写了个人季度 OKR 并在与小 A 达成共识后予以发布（见图 4-3）。

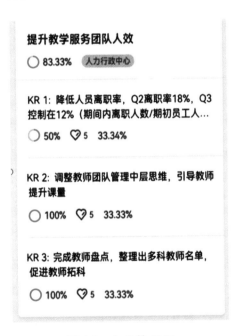

图 4-3　小 C 的 OKR

3. 复盘对话

2021 年 7 月复盘时，小 C 的 OKR 完成率达到了 83.3%，这是一个非常高的分数，针对她的 OKR 结果（见图 4-4），我与小 C 展开了以下对话。

复盘时：

亮点- 1）写了7000字的《人效分析报告》
　　　2）与A的配合默契了，互相支撑多了

不足- OKR定得不够高（当时觉得难）

变化- 1）O无变化　2）感觉挺好的

规律- OKR可以边做边调整（寻找问题的本质）

行动- 提高教师团队的核心竞争力！

图 4-4　小 C 的 OKR 结果

我问："你这个季度的 OKR 亮点是什么？"

小 C 看着我说道："亮点是我写了 7000 字的《人效分析报告》。而且我和小 A 的配合更默契了，给予互相的支撑也更多了。"

我继续问："那有没有不足之处？"

小 C 说："不足之处就是我的 OKR 定得不够高。"

听她这么说，我有些意外地问道："你为什么这样觉得呢？"

"在季度初定 OKR 的时候，我觉得任务特别有挑战性，特别难。但是，到季度末的时候，我居然都顺利完成了，应该是 OKR 定得低了。"她有些不自信地说道。

我有些欣慰地对她说道："这并不是你的不足之处，反而你应该感到高兴，因为你重新发现了自己。季度初定 OKR 的时候，你觉得任务特别难完成是因为你并不知道自己有多大的潜力。经过一个季度的努力，你激发了自己的潜力，才会觉得当初的任务并不那么难，甚至有些容易了。你变得更强了！"

紧接着，我又问她："那下个季度你的 OKR 有没有变化？"

"我和小 A 达成了共识，也和我的主管达成了共识，下个季度的目标是提高教师团队的核心竞争力。"

"经过上个季度的 OKR 推进，你的感觉怎么样？"

小 C 略显欣喜地回答道："感觉非常棒！"

我追问道："那你有没有发现什么规律呢？"

"我发现 OKR 可以一边做一边调整。当初定 OKR 的时候，我并没有把写 7000 字的《人效分析报告》加入 OKR，但是在推进工作的过程中，我发现其实这件事才是杠杆率最高的。于是，在主管的帮助下，虽然很艰难，但我还是完成了，现在我也算这方面的'专家'了"。小 C 说这段话的时候笑意盈盈，和三个月前愁眉苦脸的样子形成了鲜明的对比。

4. 总结

在上述案例中，心灰意冷、差点离职的小 C 为什么在一个季度里就发生了这么大的变化？答案是：她在工作中找到了心流，具体如下。

（1）目标明确：小 C 的 OKR 定得非常明确（达成共识的目标，小 A 和主管都支持）。

（2）及时反馈：小 C 与内部客户小 A 以及老师们的沟通互动更多了。

（3）难度匹配：小 C 刚开始觉得任务很有挑战性、很难，完成后发现难度是匹配的。

（4）自主：OKR 是小 C 自己设定的。

（5）胜任：小 C 用一个季度找到了胜任的感觉。

（6）关系：现在小 C 和领导、内部客户的关系都非常好，因为她重新成为被需要的人了。

正如管理大师德鲁克所说的："只有知识工作者本人才能了解在工作、工作绩效、社会地位和自豪等方面，到底哪些可以构成其个人满足感（心流）。"

七、目标、态度、习惯，三者统一

2022 年 4 月初，我在疫情隔离期间完成了"心流 21 天训练营"的录制工作。每天早上六点半，我会把前一天录制好的 8 分钟语音发送给 A 公司的全体成员，在课程最后的线上分享环节，来自北京的一位学员做出了十分到位的总结，下面我节选其中一部分分享一下。

对于学习本身，我认为这个过程其实是一个从"黑盒"到"白盒"的过程。

那心流是什么呢？我觉得通俗地讲，就是学习学到爽。这其实是很难的。

做你擅长的、感兴趣的事情往往是最容易进入心流状态的。在学生时代，很多课程的学习其实都是这样开展的。例如，你的语文比较好，很可能会看武侠小说看得非常投入，甚至废寝忘食。你要是喜欢体育，很可能会被各种各样的运动项目所吸引，沉浸其中。

所以，我觉得不是不能在学习中进入心流，可能是你的"技能点"未必点在了积极心理学上。如果真的点在这上面的话，我觉得是能达到心流状态的。

这个大门的钥匙是什么呢？

欲练此功，先放轻松，要有一个好的心态。

再来看一看这个课程学了什么，你才能学进去。

那这个课程讲了什么呢？我也是粗浅地把它划分为三个问题，很多经典理论也都在论述这三个问题。

第一个是讲了什么。我觉得是讲了"往哪去"的问题，往哪去很简单，就是目标。

目标很容易跟我们的 OKR 挂钩。

李老师也讲了，我们可以通过很多的篇章去复习，包括使用预想、半步法把它做好，这就是目标。

其实很容易联系到生活当中，我们每做一个决策、决定，不管大的还是小的，其实都是有目标的。

简单来讲，早上起来，想想今天穿什么衣服出门。

如果我今天要见一个客户，要营造良好的会谈气氛，体现对他的尊重，我就穿得正式一点，保持干净整洁。

如果今天我们是去团建，那我就穿得轻松、休闲一点。

通过这些思路和想法，其实 OKR 是完全可以在生活中去应用的，是有用的。

第二个问题讲的是"为什么去"。

为什么去？这是非常重要的一点，积极心理学中也有很多篇章在讲这一点，其实就是"动机"。

你给我定目标，要考虑我要有动机，即我为什么要去完成目标。

这就是积极心理学在强调的动机概念呢？就是将你"不得不"做的事情变成你心甘情愿、甘之如饴的事情。

第三个层面讲的是什么呢？是我们怎么达成目标。这一部分我觉得跟人的思维方式和习惯息息相关。

例如，我在北京，明天要去上海。如果平时我习惯开车，喜欢自驾出去玩，那可能我开车就去了。如果我平时不开车或者我根本不会开车，我有可能坐高铁。如果我平时经常"飞来飞去"，我肯定就坐飞机。

这就是我们的习惯。

这个课程让我来概括的话就是：好的人生，就是做好"好目标、好态度、好习惯"三者的统一和匹配。

我个人对"复盘"的理解，其实在很大程度上也是在看我们的目标、态度和习惯三者是不是匹配。

如果这三者都能够匹配在一起：有好的目标、好的态度和好的习惯，其实是很容易最终实现目标的。

这个课程的核心是什么呢？是我们要有"相信"的能力，我们要相信自己可以成为自己想成为的人。

怎么去做呢？

第一点是"难度匹配"。李老师举过一个例子：某公司的

HR 一开始都要离职了，后来通过学习 OKR，获得了成功的喜悦。

在复盘的时候，这个 HR 说之前的目标定得低了。我觉得反过来讲，也正是因为一开始他没有定很大的目标，才通过一点点努力成功了，获得了正向反馈。

我觉得不一定非要定一个很高的目标，我们一步一步地把小目标实现了也很好。

第二点就是"目标明确"，你有了明确的目标，并且实现了，阶段性成果会给我们带来正向反馈。

第三点就是"及时反馈"。每个人都是希望自己的努力被别人看到的，需要得到及时、正向的反馈。

总结一下，我觉得这个课程真的是非常好的一套课程，每个人都会从中有所收获。

八、开"黑盒"的标准步骤

从心理学的角度讲，我们都倾向于让自己的内心保持一种秩序，都倾向于去做那些确定的"白盒"的事情，因为这类事情是有先例或模型的，依此行事即可。一件对你来说是"黑盒"的事情，对那些高手来说只是"白盒"的事情，你就没必要自己再去创新和摸索，直接向高手请教或参考相关案例和模板是最有效的方法，这样你能非常快速地从一个"小白"成长为一个老手，然后就可以考虑如何打掉条条框框，做出创新。这就是华为倡导的"先固化，后僵化，再优化"。

作为一个学习者，要想在某个领域打开"黑盒"，可以参考以下步骤。

（1）先定义好问题的边界和价值。

（2）搜索相关关键信息，寻找高手并快速向其学习。

（3）提炼自己的观点然后输出，并获得反馈。

（4）制定挑战型 OKR，实现突破和创新。

九、管理者的三个角色

在安装"芯流飞轮"的过程中，管理者先后要扮演三种角色：老师、教练和顾问。

1. 老师

在安装"芯流飞轮"的初期，核心目标是让团队成员学会如何使用"芯流飞轮"。此时，管理者需要像老师一样，不仅要做 OKR 示范，还要手把手地带领成员完成 OKR 的每个步骤。

2. 教练

经过第一轮实践后，成员已经基本了解了"芯流飞轮"的流程，但可能会由于各种原因而没有获得理想的效果。在这个阶段，管理者要从主导者变成辅导者，把推动"芯流飞轮"运转的重任交给团队成员，做好教练，把控关键环节，在关键时刻给予成员帮助，帮助他们拓展思路。

3. 顾问

当团队成员已经能够熟练运用"芯流飞轮"这一方法了，

管理者就需要从关注"芯流飞轮"的运转转变为关注团队的整体氛围，关注每个成员的状态。此时，成员是舞台上的主角，而管理者要站到台下，承担顾问的角色。这就要求管理者具有强大的判断力，能够抓住关键节点。什么是关键节点？有人欲言又止的时候就是关键节点。欲言又止说明内心是有想法的且这一想法是最真实的，了解这一想法有利于管理者了解团队成员的真实工作状况。

如果管理者能够自如地根据现实情况切换角色，就能随时启动"芯流飞轮"，使其发挥出巨大的价值，协助团队成长。

十、关于"陪跑"的三个问题

1. 为什么要"陪跑"

在过去的 20 年里，我先后在 4 家世界 500 强公司从事管理培训和人力资源工作。

经常有朋友问我："你创业为什么不做自己最擅长的培训业务，而要做'陪跑'？"一位老领导也曾语重心长地对我说："做金牌讲师多好，为什么要蹚'陪跑'这摊浑水？"

我觉得"陪跑"导师就像登山的向导，以自身的经验和专业能力带领企业规避风险，陪伴企业更快地到达山顶，途中还能欣赏到优美的风景，听到有趣的奇闻异事。"陪跑"导师与企业不是甲方与乙方的关系，双方应该有共同的目标。

2. 陪跑导师需要具备哪些能力

"陪跑"导师需要具备多种能力：在选择"陪跑"对象时，

需要具备咨询师一般洞悉本质的能力，诊断企业问题；在"陪跑"初期，需要具备强大的培训能力，通过培训快速启动项目；在"陪跑"中期，需要以教练的角色展开 1 v 1 沟通，深度推进工作。此外，领导项目小组的领导力和影响对方"一号位"的沟通协调能力也是必不可少的。"陪跑"过程中不同角色的异同如表 4-1 所示。

表 4-1　"陪跑"过程中不同角色的异同

	角　　色				
	培训师	教　练	咨询师	领导者	"陪跑"导师
方式	教育	个性化引领	提供方案	促进变革	定制化陪伴
工作对象	团体	客户	客户	追随者	核心团队
了解与掌握	内容，成人学习理论	如何问对的问题	他人的经验	最终结果	积极心理学、管理学、教练技术
依赖于	研究理论、当前信息	客户的自我觉察	自己与他人过往的经验	个人能力	个人能力、芯流飞轮的推动
时间框架	取决于具体课程	长期	短期	长期	长期
目的	掌握技能	个人成长	解决问题	战略目标	建立操作系统，形成肌肉记忆
焦点	转移对所提供信息的理解	支持个人和专业成长	提供建议和解决方案	提供方向，激发行动，奖励成果	支持个人和团队专业成长

资料来源：帕拉布·耐度，赖美云. SPOT 团队引导：点燃群体管理的智慧 [M]. 2 版. 唐长军，郝军帅，张庆文，译. 南京：江苏人民出版社，2014：6.

3. 如何选择"陪跑"对象

（1）成长期企业。从企业发展周期来看，处于成长期的企业是比较适合"陪跑"的，因为这个阶段的企业具有以下特点：① 已完成方向验证；② 出现顾客拉动现象，需要扩市场、保产能、建组织、塑文化；③ 行业特征表现显著，即创新强、变化快、协同多、服务好。

（2）具有创新意识的"一号位"。套利和创新对企业家个人素质的要求是有差别的，套利取决于警觉性、敏锐度、胆量，甚至是对赚钱的欲望，而创新更依赖于想象力和意志且由于周期更长、更具有不确定性，因此需要更大的耐心。

（3）专精特新"小巨人"企业。专精特新"小巨人"企业主要是指集中于新一代信息技术、高端装备制造、新能源、新材料、生物医药等中高端产业领域的，尚处于发展早期的中小型企业。

OKR工作法——以字节跳动为例

字节跳动是从创业开始只有十几个人时就使用 OKR 的企业，十几年来快速发展，成为行业内的领军企业，其组织模式和运行机制值得研究借鉴。以下摘自波士顿咨询公司发布的研究报告，供大家参考。

较之传统的"科层式组织＋流程分工＋管控驱动"模式，新型模式主要通过"人才"与"信息"双管齐下驱动组织发展，这非常有助于提升组织内的信息流转效率，并借助自驱型团队建设，激发全员分布式决策的动力，从而提升企业掌控不确定性、高速创新迭代的能力。以字节跳动打造快速进化的创新组织为例，其关键在于有机结合"人才管理""信息流动"两大子循环，并通过整合后的数字化工具予以支撑。其中，人才管理循环提倡对员工实行基于信任的去层级化管理，并鼓励人才超越目标和持续成长；而信息流动循环则借助飞书平台，力求高效创造、分享、达成共识和沉淀信息。由此，通过使"善意能人（心怀善意的优秀人才）"抓取"自由信息"，企业使散落在组织内的每个个体以信息决策链条的最佳配置效率自主聚合，形成一个个自驱迭代的决策社群，并在其中竭尽潜能地碰撞、共创，带动新理念的衍化。

一、人才飞轮

字节跳动是如何构建务实、浪漫的组织的呢？关键就是它有机地结合了"人才管理"和"信息流动"两大子循环，并通过整合的数字化工具予以支撑，践行"像开发产品一样持续迭代进化（develop a company as a product）"的企业管理理念。这当中，人才管理的正循环尝试解决一般企业会遇到的人才自主积极性（autonomy）不足的问题，信息流动的正循环则尝试解决共识难（alignment）的问题，而整合的数字化工具则有助于应对将上述两者规模化的挑战。

先看子循环一："人才管理循环"激发活力。

字节跳动的双轮循环之一关注激活组成网状组织中的最小作战单位——"个人"。与科层式组织下的单向决策指导不同，网状组织更依赖每个个体进行决策与创造。该公司信奉"和优秀的人做有挑战的事"，而这正是吸引人才的最大磁石。这里的"优秀"并非指代纸面上的学历、工作背景等，而是指"工作特质"是否与字节跳动认可的行为准则（字节范）相符——追求极致、务实敢为、开放谦逊、坦诚清晰、始终创业、多元兼容。字节跳动深知人才的重要性，因此除了利用雇主品牌吸引人才，也采取了一系列举措，激活组织人才活力。

第一，"善意假设"，重视信任。不少传统企业常不自觉地着眼于"人性的弱点",因此会采取强管控、强流程制度的方式来确保"不出错"。然而,比起"不出错",现代企业更希望员工"干得好"。字节跳动的管理底层逻辑是进行"善意假设":在假设员工成熟自驱、能力充分、值得信任的基础上,加大授权、减少管控。例如,在 OA 审批流程中,差旅申请只需"知会"领导者,而不需要提前报备和审批;然而,在员工触碰企业红线或滥用信任时,公司也会雷厉风行地采取行动,执行清退。

第二,淡化层级,去除"自我"。"××总""×老师""老板"是不少企业常见的内部称谓。这些称谓可能是出于尊重或者习惯,但往往会在无形中深化组织的阶级感,弱化平等性,不利于内部协作,也不利于员工"讲真话"、高层"听意见"。在字节跳动内部,强调不分级别、不分资历,所有员工都以平等的身份进行协作。在职级管理上,不使用职级头衔,所有员工统称"同学";在档案管理中,员工级别不公开显示,工号也会打乱(不体现入职时间);福利政策上,全员上下福利一致,务求淡化层级。

第三,高设目标,激发潜能。许多企业的员工常常在"该不该做"与"能不能做"之间先考虑后者。然而在字节跳动公司,首先强调的是考虑目标的合理性(该不该做),而不是拿资源与能力的限制作为推脱的借口(能不能做)——如果目标是对的,资源和能力总有办法跟上。因此,该公司也向英特尔、谷歌的 OKR 目标管理方式学习,鼓励员工"挑战不可能"，设定只有 50% 把握能完成的目标作为行为牵引。这些具有挑战性的目标会由员工主动记录在 OKR 系统中，并透过双月 OKR 会议审视更新。一般企业采用 OKR 时，往往难以做到清晰易用，不仅容易引起员工抵触，也难以将效果具象化。该公司则通过提升员工使用体验，把 OKR 机制落到实处。一方面，OKR 完全设于线上，移动端和电脑端打通，不但界面清晰完整，易于员工填写，而且和员工档案直接相连，便于相互查看。另一方面，OKR 工具功能完备，员工可以对不同 KR 进行权重设定，利于聚焦工作重点。

第四，实时反馈，促进认可。许多企业的激励往往聚焦薪资，对于非物质激励手段缺乏重视。字节跳动十分重视实时反馈激励对员工效率提升的影响，例如，员工在飞书群中发表意见或上传完成的工作时，他人可对某条意见、想法或工作成果"点赞"，当看到上级领导或是同事"点赞"较多，对于"作者"无疑是一种激励认可。这种实时"点赞"的方式与传统的正式反馈相比较"轻"，但是接受度与使用度都更高，鼓励员工在日常工作中，给予工作上有交集的同事认可或提供改善意见。

第五，启思实践，内化成长。字节跳动提倡员工不要过分关注晋升、福利等表面提升，而是自驱地收获真实的能力提升。因此，针对优秀人才自驱学习的特征，该公司较多实践"干中学"及"启发式环境"的方式赋能团队，而非侧重于大量的正式培训课程。然而，如果员工都已经是"能人"，可以自主决策、创造，并且自我激活、自驱学习，那么团队领导者应当担任何种角色？其实，在这家公司中，团队主管除了具备业务领域专家的身份外，在领导力上更多通过苏格拉底思辨式的提问与讨论，引导员工自己去寻找解决方法，而不是直接给予答案，从而鼓励员工对自我发展负责、收获真实的个人成长。

二、信息飞轮

接下来看子循环二："信息流动循环"提升决策效能。

传统企业往往面临跨层级、跨部门的"信息孤岛"和"数据烟囱"，致使信息流动滞缓、决策效率低下、共享协同不足。面对上述挑战，字节跳动以奈飞（Netflix）"context, not control（情景，而非控制）"的管理理念为灵感，建立起一套整合的数字化工具体系和企业办公协作平台"飞书"，提倡基于信任的管理，让每个员工在理解来龙去脉的情况下，自主做出更好的判断、决策。尤为值得提及的是，该平台在以下三个信息流动环节凸显价值。

首先，在信息创造环节，着重降低信息创造成本，并提升信息客观采集能力。在传统企业中，员工往往要花费不少时间进行信息整理和呈现，如美化 PPT、整理会议纪要等。

字节跳动则提倡以简洁精要的文档作为信息主要载体，避免 PPT 的无谓美化。同时，"飞书"会自动地记录工作环节的其他非文档的原始信息，如 OKR 目标、招聘历史面评、

OA 审批等。透过低成本、客观的信息创造，避免了"人前一套、人后一套"的向上管理成本（纵然有时会议纪要在传统企业中多轮修改的过程也是变革松土的一环，承担一定的作用）。

其次，在信息共享环节，字节跳动在控制权限、确保安全的基础上，借助数字化系统的工作群，促进信息的高效、透明分享。信息分享往往是传统企业制约协作的一大瓶颈：员工抱怨"找不着信息""需要领导授权才能分享""害怕关键信息泄露所以不敢分享"。更甚者，不排除部分管理者出于办公室政治，将关键业务信息作为权力的筹码，刻意形成信息不对称或人为信息筛选。在字节跳动：① 工作群内信息默认对所有群成员可见，但信息拥有者可以规定信息阅读与编辑权限，管理者也可以决定成员是否应该进部门 / 项目群；② 信息皆可分享，但对于信息以副本、转发等形式的传递，系统可以跟踪发送者和传播路径；③ 在信息共识环节，通过"飞阅会"机制和"云文档"便捷的互动功能，促进共创共识。在传统企业中，经常出现会议目的不明、议程散乱、员工机械参会、成果无人落实等情况。而在字节跳动，发起者在会前需要明确会议目的，或咨询讨论，或决策共识，避免知会类会议。会中，实施"飞阅会"机制，所有与会者都遵照静默阅读、评论讨论、落实结论的三步走模式。在字节云文档的多方同步编辑功能下，与会者可针对会议材料实时反馈想法，并在共享屏幕上共同讨论；如"已读未读"功能虽在视觉上只是每条信息旁一个小绿点逐步填满颜色的呈现，但可实时展示信息的被读取情况，一目了然地显示信息传递效果；此外，云文档还支持表情回复、投票、点赞、问卷等多种互动功能，实时反馈共识情况。

最后，在信息沉淀环节，以工具协助专职团队和个体员工来梳理沉淀信息，同时优化信息的二次应用。"零散的资料需要重新整理""新入职员工没有基础的业务材料包"，这些场景对许多企业都不陌生。为了提升信息二次应用效率，字节跳动一方面提供维基资料库、工作群 PIN（personal identification number，个人身份识别码）功能等帮助信息沉淀；另一方面，除了设有专职团队负责维基资料库整理，还鼓励个体员工自发构建专题收录文档，丰富信息知识库等。此外，飞书上的值班号机器人还可根据关键词搜索，推荐维基资料库内容，便于员工对信息进行二次应用转化。以上信息透明的种种举措目的都在于促成方向与行动的一致，不但"让信息飞到决策权身边"，也同时透过前述"人才管理循环"两者叠加，促进字节跳动里"让决策权飞到信息身边（让有上下文的人做决策）"，在分布式决策理念上还可以确保上下拉通、左右对齐、异地同步的大规模共识形成。

除了以上两大循环，整合数字化工具、弱管理机制和强务实文化也是必不可少的支撑要素。其中，整合数字化工具更是解决了过往因为人手操作限制、各部门子系统对接不上、信息碎片化、多样化模板欠缺统一等企业在规模化中遇到的

155

阻碍及效率下降。通过整合数字化工具，信息的复制与再传播、再利用的流程都变得较为标准化，使效率大幅提升。

三、面临的挑战

尽管如此，字节调跳动的这种 OKR 模式运作依旧面临众多挑战。尤其是随着组织规模的增大、业务的多元化，对于一般企业来说，要实现该种模式存在着众多难点。字节跳动在演化过程中也并非一帆风顺，经历挑战的过程中，企业不断试错调整，并积累了很多经验，或可供借鉴。

挑战一：信息滋扰。

如何降低无效信息的打扰，确保信息的高效触达，避免团队精力耗散？在"信息透明"的情况下，员工可能面临无边界的信息轰炸，反而降低决策效率。字节跳动内部的效率工程部通过多项指标对信息进行全面分析，包括日均消息数、阅读率、消息免打扰比例等，从而判断信息的传递效果。在此基础上，会进行针对性的方案优化，例如指定管理团队、使用机器人功能进行消息聚合等，以降低"信噪比"。对其他企业而言，这意味着仅靠传统的运营方式难以保证信息传递的质量与边界控制，需要广泛借力数字化赋能。

挑战二：共识耗时。

团队共识和决策耗时较长，如何避免影响业务效率？追求集体智慧虽然可以避免"一言堂"，但是共识的时间可能需要很久，反而会拖慢决策效率。字节跳动认为充分沟通能帮助员工深入理解业务、激发自驱力、提升投入度，有利于企业长期发展；前期共识虽然耗时，可一旦明确目标与方向，后期执行效率将提升，因此，该公司对共识决策耗时长的问题，保留了一定的容忍度。公司也提倡"先跑起来"的工作文化，允许适度重复和冗余。

挑战三：创新发散。

如何把控企业整体创新方向的协同，确保不会"做无用功"，提升资源效率？网状组织带来的潜在问题是创新想法"处处开花"，然而如果缺乏中心统筹调配，在组织规模变大后，可能出现资源重复浪费，这对许多试错成本高的行业或传统组织而言无疑是一场混乱的灾难。为了应对上述挑战，该公司在组织设计上，通过做强职能组织来提高中台能力和工作复用性；同时，鼓励内部沟通，让每个人都知道公司有哪些资源可以为我所用，以及我可以为公司贡献什么。此外，公司也提倡主动迎合业务需求变化，及时拉通、合并团队，确保力出一孔。

挑战四：授权失控。

在充分授权下，如何设定相应的保障机制，确保事前控制、过程跟踪、事后追责？"授权"和"放任"只有一线之隔。若对于自由及平等过度追求，在欠缺足够的保障机制、缺乏对试错成本的正确判断时，授权会引起一发不可收拾的重大管理事故。字节几经调整后，为确保授权机制运作妥当，优化了预算管理体系，并提升了事前的授权控制能力；搭建风险管理体系，过程中一旦发现重要风险，及时介入纠偏；定期召开总结会议，对资源的使用情况和成果进行复盘和优化。

挑战五：管理混乱。

在弱管理机制下，如何确保无边界组织协作的效率，同时避免产生混乱？在弱管理机制下，业务好比"脱缰的野马"，虽然活力十足，但会带来混乱。为应对这种情况，字节跳动正在通过建立项目管理体系来弥合管理断层：建设统一的项目管理平台，涵盖预算、绩效管理等内容，以实现基于项目、跨部门的横向管理。

挑战六：人才不均

在大规模招聘下，人才浓度容易稀释，如何兼顾人才的数量和质量？由于业务飞速增长，人才供不应求，难免遇到人才浓度容易稀释的挑战，对字节跳动来说亦然。从输入端来说，该公司在招聘端尽量扩大招聘人才池，力求"全球人才全球用"；重要的是，在绩效考核端严把控、勤赋能。尽管如此，在面临高速业务增长上，保持人才浓度依旧是该公司目前面临的严峻挑战之一。该模式的特色与挑战和其他管理模式一样，均有适用场景的限制，选择哪一种模式其背后体现的是创始人与高管团队对于管理价值观的取舍。企业除了需要明晰自身的价值取向，也必须仔细思考行业环境、业务本质、自身发展周期、人才供给等限制，持续探索流程机制建设和组织灵活运作的平衡。展望未来，字节跳动能够坚持现在的管理理念并运用数字化能力持续探索"大规模灵活运作"的管理模式，还是现在的创新繁荣也只是"十年前的硅谷科技公司"，随着业务与组织规模不断扩大，不免也走上逐渐科层化的管理模式？让我们拭目以待。

四、启示与思考

（1）字节跳动的这种模式是否适用于传统非互联网企业？首先，企业需要考量所在行业的属性：行业是否存在潜在的边界延展空间，企业因而可以通过探索新的商业模式、更好地创造价值？试错成本有多大？其次，企业需要对自身在行业内的价值定位进行深入思考：和竞争对手相比，我的核心竞争力是什么，是个人能力还是组织能力？展望未来，价值创造会更偏向于高效执行，还是更偏向于灵活创新？

（2）确认适用性后，领导者应该思考：管理团队能否接受相应的挑战？在新模式下，企业会面临管理者思维和行为、组织运作、业务决策等一系列挑战。

管理者思维上，管理者是否愿意"放得下"，抛开自负，在管理上做出"善意假设"的"信仰之跃"？在新模式下，传统的科层式管理思维需要改变：赋予领导者影响力的不再是信息不对称、年资和职称，而是领导者作为专家能为其他团队成员带来的贡献。这样的思维转变，是否能在现有管理团队中实现？

在管理者行为上，管理者是否能够帮助人才"拿得起"？是否能对多数员工充分信任和授权？是否能明确授权的边界并且"授之有术"？是否有一定的容错度（尤其是面对一开始的"混乱"）？并且，管理者是否能够完成从发号施令的将军转身为赋能他人成长的教练？是否能够以启发式提问取代指令式任务，有耐心地培养人才？

在组织运作上，需要因信息流动和人才自主性而变得更网状灵活，企业该如何平衡固定组织架构带来的长期稳定性和无边界工作团队带来的短期灵活性？固定组织架构和无边界工作团队各自适用于怎样的业务场景？

在业务决策上，如何确保信息快速充分对齐，不贻误业务决策执行？由自上而下决策机制，转向更依赖信息沟通的集体决策机制，企业应如何考虑决策时效和质量？什么情况下少数人拍板更合理？什么情况下多数人讨论更有效？

（3）领导者还应思考：转型是否有历史"包袱"，应如何有针对性地解决？对于没有历史包袱的新兴企业，从 0 到 1 打造新的模式可能相对容易。对于此前以其他模式运作的传统企业，从 A 到 B 的模式调整则可能十分具有挑战性，不可忽视其转型难度。

针对从 0 到 1 的模式打造，应该思考：从哪个环节着手最为容易？如何有序开展文化、组织、机制、工具等支撑体系建设？这些要素彼此之间的关系与先后顺序是什么，该以怎样的节奏开展？

针对从 A 到 B 的模式调整，应该思考：哪些历史资产可供利用、哪些历史包袱不利于新旧模式的切换？渐进式模式调整中哪些是最不可舍弃的核心要素？旧有的员工与领导思维、行为阻力有多大？如何能够引发全员深切的转型渴望？如何避免转型影响原有业务？

虽然前有谷歌、奈飞、红帽、桥水基金、戈尔等西方企业，后有字节跳动、理想汽车等中国企业前赴后继地实践上述组织模式，但对大多数企业而言，组织模式的优化道阻且长，其选择是智慧也是艺术。然而，不论企业最终采取何种模式，我们认为未来的管理优化应沿着两大方向进行：第一，组织管理需不断提升灵活度。工业时代要求企业高效执行，数字化时代则要求企业灵活创新。随着时代更替，企业的价值创造方式也在变化。通过灵活迭代进化的组织模式来支撑企业的价值实现，是顺势而上的关键。同时，企业能够"培养出"不停复盘学习、试错迭代的组织进化能力与动态视角，则是持续存活的关键。第二，从结果管理转向动机管理。以结果为导向的管理策略难以做到千人千面、准确激活，往往"下限高、上限低"。而以动机为导向的管理策略，虽然实施初期存在一定管理风险，但一旦形成良性循环，往往可以取得"超越上限"的业务结果。正如世界著名未来学家约翰·奈斯比特描述的那样："21 世纪最激动人心的突破将不会来自技术，而是源于对'生而为人的意义'的更加开阔的理解。"我们期望更多中国企业能在这种新兴视角下，深入思考组织进化模式在企业内部落地的可能性，通过有效的组织模式，使更多"善意能人"掌握"自由信息流"，驱动每个个体以信息决策链条的最佳配置效率自主聚合、迭代成长，并在充分自驱的社群环境中竭尽潜能地碰撞和共创。

十问十答

在"陪跑"企业的过程中，我会做一些培训，培训结束后经常有人来问我一些关于自我管理和团队管理的问题，以下是我对常见问题的见解，供大家参考。

一、如何才能找到更远大的目标

答：

我的答案是"用心流创造价值"。

这句话是我在夏株林寺悟出来的，灵感来自《教练技术》里的一个故事：一个滑雪教练不会打网球，但是他在给学员教网球的时候教得特别好，别人就问他是怎么教的。他说："你看，当网球在你这边时只有两个落点，一个是地面上的点，一个是你击球时的那个点，只要把这两个点控制好，少失误，那你最终就会赢得比赛。"

其实，心流是一种感觉，但它也有产生的三个条件，即目标明确、及时反馈、难度匹配。所以你只要设定当下有心流、有感觉的目标就可以了。你在复盘的时候，进行"价值"判断。你对价值的判断结果来源于你的认知，随着你的认知不断升级，你对价值的判断也会不断升级。

举个例子，当你在写 OKR 的时候，要看你真正相信了什么。写完之后，复盘的时候再来判断价值，这就形成了一个完美的迭代闭环。只要不断转动飞轮，你的认知就会不断升维，要有耐心，也许有一天"大目标"会自然涌现。

所以，不要纠结远处的大目标，方向大致正确就可以了，先把下个季度的 OKR 做好更重要。

二、如何让自己有好的心流

答：

心流是一种状态，它能使人们完全投入一项活动并享受在这个过程中的乐趣和挑战。以下方法可以帮助你进入良好的心流状态。

（1）找到你感兴趣的事情：当你从事自己感兴趣的活动时，更容易投入其中并产生心流。因此，要花时间发掘自己喜欢的事物，如读书、写作、绘画、运动、瑜伽、茶道等。

（2）设定具体目标：心流状态需要一个具体的目标来维持注意力和行动。因此，确保自己有明确的目标和计划，以便能够集中注意力，享受过程并取得成果。

（3）挑战自己：心流状态需要挑战性，所以不妨尝试一些具有挑战性的活动。你可以通过逐步增加难度和复杂度来挑战自己，但要确保自己能够应对这些挑战。

（4）消除干扰：心流状态需要集中注意力，因此你需要消除任何干扰。在开始活动之前，找一个安静的地方，关闭手机、电视和电脑等可能会分散你注意力的设备。

（5）专注当下：专注当下是心流状态的重要组成部分，可确保你全身心地投入正在进行的活动，并将注意力集中在自己的感觉和感受上。

（6）坚持练习：心流状态需要练习，因此要坚持练习。通过不断地从事自己感兴趣的活动，就可以培养你的专注力和技能，并不断提高自己的表现力。

三、同一时期可以给自己写多少条心流密码

答：

一条也可以，十几条甚至更多也可以。我个人的体会是在同一时间段内写六七条是比较合适的。还记得平衡轮吗？（平衡轮包含了工作、事业、家庭、健康、投资、爱好、社交等多个维度）不要只树立那种在一个维度上的目标。写完之后，要经常查看，这一点很重要。

四、"心流密码"是低频长期的好还是高频短期的好？

答：

刚开始练习的时候，建议先写高频、短期的，这样你可能会比较快地获得一些正反馈。当建立了对心流密码的"信念"，再去设立低频、长期的，效果会比较好。

有时，我们的潜意识可能分不清楚哪些是短期的，哪些是长期的。例如，一个显性的目标，即使再大也有可能是短期的；而要改变自身的某个习惯，即使很小也可能是长期的。

五、如何让心流密码对自己产生影响

答：

写完心流密码后，如何才能让其对自己产生影响？可采用如下方法。

首先，要检查一下你的心流密码是否遵循了以下 9 条规则。

（1）第一个字是"我"，因为这个密码只对你自己有效，对别人不具有效力。

（2）描述的是正向的、你想要的，而不是你不想要的（类似于心理学领域的白熊理论，你越告诉自己不要去想白熊，白熊的形象就越会在你的头脑中时隐时现）。

（3）将目标描述成正在发生或已经完成的状态（例如，大楼已经盖好、合同已经签署、项目已经验收等，当你把未来目标描述成正在发生或已经完成的，而现实还没发生或完成，你就会有充足的动力去实现目标）。

（4）表示成就时，不要用"能""将""要""想""应该"等字词，这些字词仅代表你有实现目标的能力，并不意味着你能做到，可表述为"我有……""我是……""我会……"等。

（5）不比较，即不和别人比较。

（6）包含动态词和情感词（即描述动作、行为和情感的词语，因为内在对话通过语言、图像、情感三个维度植入信念）。

（7）目标必须是确切的、实际的（脑海中关于目标的画面越清晰越好，切忌不切实际）。

（8）保持平衡（人生是丰富的，不能只专注在工作上）。

（9）个人的心流密码需要保密；工作中需要协同的则以OKR 的方式公开。

其次，任何事物，不加强，就会减弱。心流密码要写在手机里，利用碎片化时间看一看，提醒自己。尤其在每天早上起床前和晚上睡觉前，养成习惯需要一个过程。

最后，对心流密码要有耐心，尤其是对那种比较长期的心流密码。另外，要适当地淘汰一些过时的心流密码，并补充新的心流密码。

六、传统制造业有哪些成功的 OKR 推行案例

答：

理想汽车、三一重工、物美等传统企业都成功落地了OKR。我的观点是"三盒"理论中"黑盒"和"灰盒"的事比较适用 OKR。如果是流水线上的制造业工作，那更适合 KPI。

现在大家都在谈用"数字化"把传统企业重做一遍，都

在谈创新。从这个角度来看，就没有所谓的"传统行业"，有的只是具有传统思维的人，而人是最难改变的，这才是传统行业推行 OKR 最大的阻力。

七、如何训练自己并引导团队一起训练

答：

制订一个"心流训练营——突破自新 21 天计划"，这个计划能陪你练习并科学地激发你的"心理能量"。每天分别花 10 分钟做两件小事：思维语音和静思日记，这是一种改变习惯模式、追求更好未来的有效方法。

可以用群体学习的方式，团队成员打卡，每周结合团队业务进行阶段性讨论。

以下是在一家企业实施训练后，学员发表的感言，大家可参考：

21 天的心流训练营学习已经结束了。在这 21 天中，我和大家一同协作，收获了对"心流课程学习"的投入状态所带来的幸福感！每天的打卡、同事们对评分的讨论、相互分享和欣赏其他同事对每天课程的领悟和感受，都激发了我们强大的动力和愿望去实现学习的升华。这种本身就充满主动性和积极性，让人感受到幸福的体验，使我们能够进入认真的学习状态，这就是"心流"。

刚刚在 21:00 的时候，××在群里问我们今晚是否需要打卡，有些同事说不打卡总感觉有点缺少了什么。殊不知，今天的线上

心流课程学习已经接近尾声了。这说明××和我们一样，全身心地投入了这件事情，达到了忘我的程度，因此获得了内心的秩序和安宁。这种极大的满足感悄悄地潜入了我们的内心，使我们快乐地享受这个习惯的过程。我们再一次经历了"心流"的体验。

在这 21 天的学习中，我依稀记得"心流"学习内容里提到的"视觉想象、承诺目标、预想及其灵活性、半步法、思维旧习惯"等，这些内容为我们带来了心流实践的力量。我相信这些内容一定会推动我们在生活、学习、工作和精神方面的质的改变。

我学到并领悟到的一点是："所有的心流活动，不论涉及竞争、投机还是其他形式的体验，都有一个共同点：它带来新的发现和创造感，把当事人带入新的现实。它促使一个人有更好的表现，让人意识到过去做梦也想不到的境界。"

在达到心流阶段之前，一个人要经历三个阶段：第一，刚刚开始做这件事，不懂任何技巧，挑战也很容易。第二，技巧增加，挑战不变，开始感到厌烦。这时要提高对自己的要求，很快就会感受到做这件事的愉悦感。第三，挑战增加了，但技巧没有进步，此时会感到焦虑。

在这种情况下，我们需要通过练习来提高自己的技巧，轻松胜任高难度的挑战。要想获得"心流"，关键在于成长，思考并树立科学意识，然后付诸行动。

有一句话是这样说的："人们感到痛苦的不是他们用笑声代替了思考，而是他们不知道为什么笑以及不再思考。"这让我忽然想起"精神熵"这三个字。精神熵是指因为接受过多的垃圾信息而导致的精神混乱。精神熵越高，精神越涣散。也就是说，精神熵越高，心中所包含的负面能量就越多，情绪很容易失控，还可能引发疾病。

与精神熵相对的体验结果就是心流：专注投入于一件事情，可以废寝忘食地进行，心中涌出喜悦感，达到"忘我"的状态！优秀的人经常体验到心流的状态，这可以帮助他们更快地实现目标。

在这21天的学习中，我也体验到了三个感受：一是心流课程每天不同版块内容的学习教会了我专注地投入，心无旁骛地做着一件热爱的事情，让我感到无比的快乐与享受；二是明确的目标和即时的反馈；三是进入"忘我"的状态，这是心流的最优体验：知行合一。

举个简单的例子，我们最熟知的明星演员，在戏内和戏外都有自己的一种风格用于面对身边的人。这是因为在拍戏时，为了融入角色，将自己身上的性格全部抹掉，完全进入戏中角色的性格，这才铸就了一部好的作品。

在这21天的学习中，我从点滴中受益匪浅。回顾这段心路历程，一切历历在目。21天不仅代表一个数字，更代表永恒。蓦然回首时，我相信这段经历给我们带来了人生道路上的启示。衷心感谢李杨老师、沛遥老师和你们一路走来的陪伴，见证了我们的成长和进步，为我们点亮更明亮的一盏灯！也衷心感谢老板，愿岁并谢，与长友兮！

八、如何让自己的潜意识相信设立的目标是可行的

答：

"相信"是一种积极向上的信念，是一种对未来、对自己的信心和自信。相信可以帮助我们在面对挫折和困难时坚持下去，给予我们动力和勇气去克服困难和实现目标。相信还可以帮助我们更加积极地看待事物，拥有更加积极的心态和态度。

给自己的潜意识植入一个图像，通过预想和书写心流密码的方式让潜意识锚定在这个图像上。这样我们就打开了自己的网状激活系统，去寻找达到目标的资源和方法，并通过OKR 清晰的表达实现它的路径（KR）。

当你相信帮助你达成目标的"方法和资源"一直都在你周围的时候，你就已经开始在去往目标的路上了。

潜意识里一旦存储了这个图像，力量是非常强大的，它能够激发我们内在的潜能和动力，帮助我们更好地实现自己的目标和理想。

九、OKR 的自我评价是否客观

答：

首先，自我评价包含打分和反思两个环节。有科学的步

骤和工具,按照程序就可保证结果相对客观。

其次,团队 OKR 在复盘环节,除了自评还有他评环节。我辅导的企业一般都是在复盘会前,同事之间互相在飞书上给对方的 OKR 进行划词评论反馈。

最后,OKR 是一个目标管理工具,它负责创造价值,然而价值如何评价?需要外部监督。字节跳动的做法是采用 360 环评,与你有工作交集的同事都可以给你评价,这些信息最终汇集到你的领导那里,这个评价就比较真实了。还有一些简单的方法进行价值评价,可根据企业的情况具体问题具体分析。

十、如何给自己的 KR 设定完成时间

答:

团队 OKR 的周期一般以季度、双月、月为单位,也可以直接在 KR 里设定完成时间。KR 向下拆解 to do list 时也需要写明具体的时间。

一、成长型思维&心理资本量表

第1部分：成长型思维

题　目
1．不管你处在何种程度，任何时候你都可以极大改善你的智力水平
2．你可以学习新的事物，但是你无法改变你的基本智力
3．当某项工作让我觉得困难时，我反而最喜欢这项工作
4．当我能够毫无困难地完成某项工作时，我最喜欢它
5．尽管我会犯许多错误，但是我喜欢那些能够从中学到东西的工作
6．如果我能够完美地毫无错误地完成某项工作时，我最喜欢它
7．当事情变得艰难，我反而更加投入地去完成，而不是退缩
8．说实话，当我工作得很艰难时，会让我感觉自己不是很聪明

注：每题单选：完全不符合（1分）；不太符合（2分）；不清楚（3分）；比较符合（4分）；符合（5分）；完全符合（6分）；

成长型思维总分6分（平均分），分数越高，说明越具有成长型思维

第2部分：心理资本

题　目
9．我相信自己能分析长远的问题，并找到解决方案

题　目
10. 开会时，在陈述自己工作范围之内的事情方面我很自信
11. 我相信自己对组织发展的讨论有贡献
12. 在我的工作范围内，我相信自己能够帮助设定目标 / 目的
13. 我相信自己能够与组织外部的人（如合作方、客户）联系，并讨论问题
14. 我相信自己能够向一群同事陈述信息
15. 如果我发现自己在工作中陷入了困境，我能想出很多办法来摆脱出来
16. 目前，我在精力饱满地完成自己的工作目标
17. 任何问题都有很多解决方法
18. 眼前，我认为自己在工作上相当成功
19. 我能想出很多办法来实现我目前的工作目标
20. 目前，我正在实现我为自己设定的工作目标
21. 在工作中遇到挫折时，我总是很快从中恢复过来，并继续前进
22. 在工作中，我无论如何都会去解决遇到的难题
23. 在工作中如果不得不去做，可以说，我也能独立应战
24. 我通常对工作中的压力能泰然处之
25. 因为以前经历过很多磨难，所以我现在能挺过工作上的困难时期
26. 在我目前的工作中，我感觉自己能同时处理很多事情
27. 在工作中，当遇到不确定的事情时，我通常期盼最好的结果
28. 对于工作中发生不利的事情，认为是暂时的和有办法解决的
29. 对自己的工作，我总是看到事情光明的一面

题　　目
30．对我的工作未来会发生什么，我是乐观的
31．在我目前的工作中，事情就是像我希望的那样发展
32．工作时，我总相信"黑暗的背后就是光明，不用悲观"

注：每题单选：完全不符合（1分）；不太符合（2分）；不清楚（3分）；比较符合（4分）；符合（5分）；完全符合（6分）；

总分124分以上，你具有极高的心理资本，可以应对极高压力和挑战；总分100分以上，你的心理资本处于较高水平，可应对较高压力和挑战；总分80分以上，你的心理资本处于中等水平，可应对一般压力和挑战；总分80分以下，你需要加强和训练你的心理资本，以应对挑战和危机

二、美德与品格优势量表

题　　目
1．帮助他人的同时，我觉得自己也变得开心了
2．当有人反对时，我一定会据理力争，即使对方比我地位高很多
3．和朋友、亲人在一起是我最喜欢的事情
4．即便经受艰难困苦，我也会坚持自己认为正确的观点
5．即使对方比我地位高，我也很少曲意逢迎
6．即使可以用现成的方法，我也会努力寻找新的问题解决方式
7．即使某人和我关系不好，但我也不会在分配利益时亏待他
8．没有什么比朋友和亲人更重要的了
9．面对困难，我不会轻言放弃
10．如果我发现有的东西我不懂，我就会努力把它弄明白
11．如果有可能，我总是愿意为他人提供帮助
12．如果有人因某事而伤害了我，我会很快原谅他

175

续表

题　目
13．套用别人的方法去解决问题从来不是我的行事风格
14．体验新事物是我的信条
15．为了保证团队工作，我会放弃自己的个人想法
16．为了保证团队工作流畅，我会努力完成自己的任务
17．我爱好学习新的知识
18．我不会将别人伤害我的事记很久
19．我不会屈服于反对的力量而改变自己原本正确的观点
20．我不会因为别人得罪于我，而总想着报复他
21．我不会因为我不喜欢某人，就对他区别对待
22．我不会因为自己的喜好而使自己的决策偏离理智
23．我不会因为自己的愿望而破坏团队的工作
24．我从不觉得自己高人一等
25．我从不使用已知的方法来解决问题
26．我从来没觉得自己比别人特别
27．我对生活总是充满热情与活力
28．我对新的事物总是保持好奇
29．我很少觉得生活过得没劲
30．我很少控制不了自己的情绪
31．我很少鲁莽行事
32．我很少说虚情假意的话
33．我很少炫耀自己
34．我会花时间去感谢帮助过我的人
35．我会坚持不懈地完成一件事情，而不会因为困难便放弃

题 目
36. 我会经常表达我对他人的感谢
37. 我坚定地相信一些价值观
38. 我觉得生活会一天比一天好
39. 我觉得生活就像一次探险，每一天都是新鲜的
40. 我觉得未来一定是值得现在努力的
41. 我经常给人明智的建议
42. 我经常会用超越当前生活的视角来看待自己和生活
43. 我经常惊叹于科学与自然的不可思议
44. 我经常能猜得准别人是怎么想的
45. 我领导的团队通常很少内部产生纠纷
46. 我能够很严格地按照某些规范来要求自己
47. 我能够控制自己不受诱惑
48. 我能很好地让我的团队凝聚在一起
49. 我能很好地体会别人的情绪
50. 我通常能想到别人想不到的道理
51. 我喜欢和朋友、亲人分享每天的生活
52. 我喜欢开玩笑
53. 我喜欢体会名画或音乐中的美妙
54. 我喜欢做从未做过的事
55. 我相信滴水之恩当涌泉相报
56. 我相信人活着有别人体会不到的、更深层的意义
57. 我相信未来一定比现在美好
58. 我一直平等待人，即使是对那些我不喜欢的人也一样

续表

题　目
59．我在给人建议时，通常都会想到事情的深层关系
60．我在做决定前不会受自己一厢情愿的想法的影响
61．我在做决定时一向很谨慎
62．我总是能逗笑别人
63．我总是能知道别人的想法，以决定自己应该在跟别人交往时注意什么—
64．我总是三思而后行
65．我总是说实话，即使冒着得罪人的危险
66．我做事情很少虎头蛇尾
67．学习新东西对我来说是非常快乐的事情
68．一般在我的领导下，团队都很和谐
69．在别人看来我是个幽默的人
70．在决策之前我总是会全面衡量多方面的信息。
71．自然的鬼斧神工经常让我感到敬畏
72．帮助他人经常让我感到愉悦

注：每题单选，完全不符合（1分）；不太符合（2分）；比较符合（3分）；符合（4分）；完全符合（5分）。

美德与品格优势共分为六大美德下的二十四个品格优势。每项优势最高分5分，最低分1分。某个品格的得分越高，表明您在这个品格上越具有优势。

1. 智慧和知识

（1）好奇心：对当前体验过程本身感兴趣；找出引人入

胜的主题和观点；乐于探索和发现。

（2）创造力：能够思考出新奇和有效的方式去做事情；包括艺术成就，但不仅限于此。

（3）好学：热爱学习；自发认真地学习新技能和知识；系统地掌握和扩充自己的知识。

（4）洞察力：能够为别人提供明智的建议；能够用对自己和别人都合理的方式来认识世界、自己和他人。

（5）思维开放性：能全面透彻地从各个方面思考问题；不急于得出结论；能够根据事实调整思路；公平衡量所有证据。

2. 勇气

（1）正直：坚持真理、诚恳真挚；不虚伪；对自己的情绪和行为负责。

（2）坚韧：善始善终；即使存在艰难险阻，也要坚持完成自己的行动；执行力强、能够完成任务。

（3）勇敢：在威胁、挑战、困难或痛苦前不畏缩；在自己的观点只有少数人支持的时候也据理力争。

（4）活力：充满激情和力量地去追求生活；把生活当作历险一样，充满生机和活力。

3. 节制

（1）自我规范：规范自己的情感和行为；自律；控制自己的欲望和情绪。

（2）审慎：慎重地做出选择；不过分冒险；不鲁莽行事。

（3）谦卑和谦逊：不因自己的成就而骄傲；不炫耀；不认为自己比别人特殊。

（4）宽恕和慈悲：宽恕做错事的人，包括自己；接纳他人的弱点，给予第二次机会。

4. 正义

（1）公平：公正公平地对待所有人；不让个人的情感影响到针对别人所做出的决定；给予每一个人平等的机会。

（2）领导力：鼓励团体中的每一个人把工作做好，同时促进良好的集体关系；组织集体活动并且观察活动的效果。

（3）公民精神：作为团队或小组中的成员，努力工作；对团队忠诚；按时完成自己的任务。

5. 人道

（1）爱：珍惜与他人的亲密关系，特别是相互关爱分享；亲近他人。

（2）善良：助人为乐、与人为善；关心照顾别人。

（3）社会智能：了解自己和他人的意图和感受；知道在不同社会场合应该怎样做；明白如何让他人认同。

6. 超越

（1）希望：规划美好的未来并努力创造；相信生活可以更美好。

（2）欣赏美和卓越：发现和欣赏美丽、卓越和富有技巧的表现，从自然界到艺术领域和科学，再到日常生活的每一天。

（3）灵性：对高级的目标和宇宙的意义有内在的信念；拥有对人生价值的信念，并以此来规划自己的行为，感受生命意义的愉悦。

（4）幽默：畅快大笑，给别人带来欢乐；心中充满阳光，看到事物光明的一面。

（5）感恩：敏锐的观察和感激生活中发生的每一件好的事情；花时间去表达自己的感恩之情。

181

后记

2022 年 4 月，上海疫情形式严峻，生活、工作被迫停摆，我萌生了一个想法——出一本书，把过去几年"陪跑"企业的所思、所悟、所得集结成书。

目标明确后，郁闷的心情一下豁然开朗了，于是我每天早上 5 点就迫不及待地起床了，然后一头钻进自己的小书房，直到晚上 11 点不得不上床睡觉时才停笔。日复一日，每天除了吃饭、睡觉、上厕所，我就在琢磨书的内容和结构，比如主题是否明确，内容和案例是否合适，章节之间是否均衡等，每天都沉浸在"心流"之中。

一个多月后，我终于把初稿交给清华大学出版社的编辑，不料却被告知：书稿欠完善，部分内容可能要大改。

幸运的是，出版社的编辑都很认真负责，书稿来来回回改了数月，毫不夸张地说，真是三易其稿啊。如今，本书能够顺利出版，我要感谢一路以来帮助过我的家人、老师和朋友。

首先要感谢我的家人，没有你们的支持，我不可能心无旁骛地完成本书的写作。尤其是我的弟弟李杨，本书的核心模型"芯流飞轮"就是我们在一起探讨时灵光乍现的成果。

感谢清华大学经管学院的朱武祥老师，是他为我指明了写书的目标。

感谢清华大学社科学院院长彭凯平老师和积极心理学研究中心副主任赵昱鲲老师，是他们带领我在积极心理学的专业上更加精进。

感谢清华大学出版社的编辑不厌其烦地帮忙校正文稿。

感谢给我提供有益反馈的吴群芬老师、Daicy、自国美、张玮琪、Zara、高士尧。

感谢陪跑企业的"一号位"和小伙伴们！由于保密的需要，书中的案例都做了匿名处理，隐去了你们的名字，望见谅！

作者

2023 年 12 月 20 日